Der Tau am Morgen ist weiser als wir

ARNDT BÜSSING und MICHAEL WENGER

Der Tau am Morgen ist weiser als wir

Alte und neue Zen-Geschichten

Mit einem Vorwort
von Doris Dörrie

Theseus Verlag

INHALT

Wer ist dein wirklicher Lehrer?

Ein Schüler fragte die amerikanische Zen-Meisterin Joan Halifax: »Joan Roshi, du wurdest von dem koreanischen Zen-Meister Seung Sahn ordiniert, hast die Lehrerlaubnis von dem vietnamesischen Zen-Meister Thich Nhat Hanh und die Dharma-Übertragung von dem amerikanischen Zen-Meister Bernie Glassman erhalten. Jetzt studierst du bei indianischen Schamanen. Wer ist nun eigentlich dein wirklicher Lehrer?«

Sie antwortete: »Du bist es.«

WARNHINWEIS

Das Licht der Wahrheit leuchtet überall – suchen Sie nicht woanders.

Wenn Sie glauben, der Tau sei weiser als wir, sollten Sie dieses Buch vielleicht gleich wieder weglegen.

Lassen Sie dann die Nässe Ihr Lehrer sein. Doch seien Sie nicht passiv.

Wachsen Sie durch unbeirrbares Fragen, und lassen Sie das Licht Ihres fragenden Geistes sich selbst erleuchten.

Michael Dai Ryu Wenger

VORWORT

Ich lese Zen-Geschichten höchst ungern, denn sie wollen etwas mit mir anstellen, worauf ich keine Lust habe: Sie wollen mir Knüppel zwischen die Beine werfen und den Teppich unter den Füßen wegziehen. Mein Teppich, auf dem ich als Bewohnerin der westlichen Welt fest mit beiden Beinen stehe, ist dicht gewebt aus den Überzeugungen, dass ich Herrin meiner Biografie und ein denkendes Wesen bin und deshalb existiere, dass ein kleiner Shoppingtrip und ein neuer Lippenstift dennoch immer eine gute Idee sind und ich vor allem, was mir nicht passt, davonrennen kann, wenn ich nur eifrig genug trainiere und kein Fett esse. Wozu soll ich also diese Geschichten lesen, die mir erzählen, dass ich Alter und Krankheit nicht aus dem Weg gehen kann, dass ich mich nicht verstecken kann, mich einfach nur verbeugen soll, dass es keine Essenz gibt, keine Bedeutung, keine Veränderung und nur Veränderung?

Nach etwa zehn dieser Geschichten bekomme ich eine Art Stromausfall im Gehirn, weil meine Gedanken nicht mehr in ihren gewohnten Gehirnwindungen entlanglatschen dürfen. Daraufhin werde ich wütend. Sehr wütend. Ich fühle mich wie ein Hund, dem sein Herrchen abhanden gekommen ist. Verloren. Ohne Heimat. Auf nichts kann ich mich mehr verlassen. Ich irre umher und versuche, etwas zu finden, an dem ich mich festhalten kann. Ich belle beleidigt in alle Richtungen, drehe mich im Kreis und versuche, mich in den eigenen Schwanz zu beißen, um wenigstens dort Gewissheit zu finden. Und da geschieht es: Ich muss lachen. Ich sehe mir zu, wie ich mich wie toll im Kreis drehe, und es gibt nichts Komischeres auf der Welt als diesen wütenden, beleidigten kleinen Hund, der ich bin und der seinen eigenen Schwanz ankläfft. Und weil ich so lachen muss, höre ich auf, mich zu drehen, und bleibe stehen. Ich halte an, lache und atme. Unverhofft bekomme ich eine winzige Pause. Ich spüre die Luft in meinem Gelächter und darin den Atem der Welt. Aahhh.

Was ist geschehen? Die Geschichten haben mich dazu gebracht, anzuhalten. Mitten im Strudel des alltäglichen Lebens innezuhalten. Ich schaffe es nicht allein, stopp zu rufen, anzuhalten, achtsam zu sein. Obwohl ich weiß, wie wichtig es ist, die Dinge zu verlangsamen, erliege ich doch täglich der ständigen Aufforderung, schneller zu werden. Ich renne wie der Blitz. Und wenn mich niemand fragt, wohin ich renne, renne ich weiter. Ein Glück, wenn mir auf meiner Rennstrecke eine Zen-Geschichte in die Hände fällt und mir einen Knüppel zwischen die Beine wirft. Ich stolpere, falle auf die Nase, reibe mir das Knie. Was war das? Nichts weiter als mein eigenes Leben, dem ich sonst drohe, davonzulaufen und es zu verpassen, wenn ich nicht jetzt, in diesem Augenblick durch das Lesen einer einzigen Zen-Geschichte gebremst worden wäre, als hätte jemand bei hundertachtzig auf der Autobahn die Handbremse angezogen. Für das Auto nicht besonders angenehm, aber für den Fahrer vielleicht überlebenswichtig. Aber wer ist hier das Auto und wer der Fahrer? Was sagt der Reiter, der auf seinem Pferd vorbeigaloppiert und gefragt wird: »Wohin reitest du so schnell?« »Frag nicht mich, frag das Pferd.«

Doris Dörrie
München, November 2002

Einführung

Die Geschichten, Anekdoten und Dialoge in diesem Buch stammen sowohl aus dem Umfeld des alten chinesischen, japanischen und koreanischen Zen-Buddhismus als auch aus dem westlich geprägten Zen unserer Zeit. Manche Geschichten kommen aus ganz anderen Lebensbereichen und haben scheinbar gar nichts mit Zen zu tun. Lassen Sie sich nicht abschrecken: Es geht in den Geschichten immer um ein und dieselbe Frage: »Wer bin ich und was mache ich in meinem Leben?«

Die ausgewählten Geschichten sind Ausdruck einer bestimmten Geisteshaltung des Zen. Meist bestehen sie aus einem Dialog zwischen einem Meister und seinem Schüler oder zwischen zwei Zen-Meistern. Der Meister prüft anhand solcher Gespräche den »Bewusstseinszustand« seines Schülers und provoziert im günstigsten Fall eine gewisse Einsicht, die der Schüler vertiefen wird.

Die Antworten erfolgen entweder in Form einer Handlung oder eines Ausspruchs, die oder der auf den ersten Blick seltsam erscheinen mag. Manche Leser, die mit dem »Zen-Geplapper« noch nicht vertraut sind, können leicht in diese Wort-Fallen hineintappen. Wenn man glaubt, den Sinn des Zen endlich verstanden zu haben, zerrinnt er wie Sand zwischen den Fingern. Die eigentliche Antwort entzieht sich einem rationalen Verstehen, sie bahnt sich ihren Weg auf einer anderen Ebene.

Um Ihnen eine Zugangshilfe anzubieten, sind die Geschichten und Anekdoten mit Kommentaren versehen worden: Michael Dai Ryu Wenger schreibt aus der Warte des nordamerikanischen Zen-Lehrers und Arndt Büssing aus dem Erleben eines europäischen Schülers. So ergeben sich unterschiedliche Sichtweisen, die sich ergänzen oder widersprechen können.

In diesem Buch sollte man nicht nach verborgenen Weisheiten suchen. Im Zen geht es nicht darum, Erkenntnisse höherer Welten zu erlangen. Die Zen-Meister weisen immer wieder darauf hin, dass wir mit beiden Füßen auf dem Boden stehen. Die »Weisheit des Zen« liegt in der Offenheit für diesen Moment. Legen Sie dieses Buch am besten jetzt schon zur Seite, verlassen Sie Ihre Meditationsecke und gehen Sie los! – Nur, wohin?

Vielleicht ist dieses Buch doch zu etwas nütze. Sie könnten sich jeden Morgen eine Geschichte daraus vornehmen, nachmittags erneut auf sie zurückkommen und versuchen herauszufinden, was sie Ihnen sagt. Suchen Sie sich selber in der Geschichte zu entdecken! Eine andere Möglichkeit bestünde darin, eine Seite aufzuschlagen und sich auf diese »zufällig« ausgesuchte Geschichte einzulassen. Was löst sie in Ihnen aus? Schauen Sie sich Ihre Reaktionen genau an. Wenn Sie sich ärgern, was könnte die Ursache sein?

Vielleicht helfen Ihnen auch die Kommentare, einen Zugang zu finden. Doch beißen Sie sich an ihnen nicht fest. Nehmen Sie die

Geschichten und Kommentare mit in Ihren Alltag hinein, bleiben Sie dran, bis Ihnen Ihre eigene Antwort vor die Füße fällt. Ob sie für andere »richtig« oder »falsch« ist, spielt keine Rolle – es gibt weder Zensuren noch Schiedsrichter. Sie müssen nichts erreichen, Sie müssen nirgendwohin, um anzukommen. Sie sind bereits da! – Willkommen zu Hause!

Dr. Arndt Büssing

1. Die Welt ist größer als erwartet

Auf Grönland entschlossen sich zwei junge Leute, die große, weite Welt zu bereisen. Teile Grönlands sind so flach, dass der Horizont immer sichtbar ist, egal wohin man sich wendet. Die beiden nahmen daher an, dass der Horizont die Grenze der Welt sei.

Als sie von ihrer Reise ans Ende der Welt in ihr Dorf zurückkehrten, waren sie alt geworden. Die meisten ihrer Freunde waren längst verstorben oder konnten sich nicht mehr an sie erinnern. Die beiden sahen sich an und meinten, die Welt sei wohl doch größer als sie es sich vorgestellt hatten.

◇

Die Welt ist unermesslich und weit, innen und außen. Der Horizont ist unsere begrenzte Perspektive. Sogar das alte Dorf ist neu.

Ob man zu einer Reise ans Ende der Welt aufbricht oder nur mal schnell zum Bäcker um die Ecke will – niemand weiß, wie die Reise enden wird. Streue Kieselsteine auf den Weg. Wenn du zurückkehrst, wirst du sie mit anderen Augen betrachten.

2. Befolge es auch

Es war einmal ein Zen-Meister, der nicht nur wegen seiner klaren und einfachen Unterweisungen, sondern auch seines ungewöhnlichen Lebensstils wegen gerühmt wurde. Die Menschen nannten ihn den »Mönch im Vogelnest«, da er in einem Baum lebte und auf die Versorgung seiner Schüler angewiesen war.

Eines Tages erhielt er aus der Nachbarprovinz Besuch von dem bekannten buddhistischen Gelehrten Bai Zhuyi, der in allen wichtigen Schriften und Kommentaren bewandert war. Bai Zhuyi war bereits achtzig Jahre alt und neugierig, jemanden kennen zu lernen, der trotz seiner geringeren Bildung berühmter war als er selbst. Der gelehrte Mönch bat den »Mönch im Vogelnest« um eine Unterweisung. Dieser sagte: »Vermeide Böses, tue Gutes.«

Der Gelehrte entgegnete, dass selbst ein vierjähriges Kind eine so einfache Idee verstehen könne.

»Auch wenn ein vierjähriges Kind dies verstehen kann, heißt das noch lange nicht, dass ein achtzigjähriger Mann es befolgt«, antwortete der Zen-Meister.

————————◇————————

Moralität lässt sich einfach verkünden, aber schwer umsetzen. Es bedarf der Anstrengung und der Vergebung. Die Hormone besitzen ihre eigene Wahrheit. Man kann sie nicht regulieren, doch sollten sie auch nicht die Oberhand gewinnen. Gib dein Bestes, lerne aus deinen Fehlern und denen der anderen.

Nachdem du alle Lehrtexte und Regeln gelesen hast, darfst du sie getrost wegwerfen. Behalte nur »Vermeide Böses, tue Gutes«. Später kannst du das auch noch wegwerfen.

3. Buddhas nutzloser Schrei

Nach vielen erfolglosen Versuchen, einen Weg zur Befreiung vom Leiden zu finden, ließ sich Siddhartha Gautama unter einem Pippalabaum nieder und nahm sich vor, nicht eher aufzustehen, bis er die Erleuchtung erlangt hatte.

Nach 49 Tagen der Meditation erblickte er im ersten Licht des Tages den Morgenstern – und plötzlich erlangte er volles Erwachen. Er rief: »Wunder über Wunder, alle Wesen haben Buddha-Natur.«

———————— ◇ ————————

»Großer Drache, bitte erhelle mir diesen Punkt: Was sah der Buddha, als er den Morgenstern erblickte?«

»Den Morgenstern.«

»Ja, aber warum sah er ihn dann nicht schon am Tag zuvor?«

»Wer sagt denn, er habe ihn nicht gesehen?«

»Nun, dann war es wohl ein ziemlich nutzloser Schrei.«

»Absolut nutzlos. Er hatte nichts mit Nutzen zu tun.«

4. Der Dieb, der ein Schüler wurde

Eines Abends, als Shichiri Kojun in seiner Hüte gerade die Sutren rezitierte, schlich ein Dieb mit gezogenem Schwert herein und rief aus: »Geld oder Leben!«

Shichiri sagte zu ihm: »Störe mich nicht. Das Geld ist in der Truhe dort drüben.« Danach fuhr er ungerührt mit seiner Rezitation fort.

Doch nach einem kurzen Moment unterbrach er sich und erklärte: »Nimm bitte nicht alles. Ich muss morgen meine Steuern bezahlen.«

Der Eindringling nahm den Großteil des Geldes und wollte gerade verschwinden, als Shichiri seine Rezitation erneut unterbrach: »Bedankst du dich nicht, wenn du ein Geschenk bekommst?« Daraufhin bedankte sich der Dieb und machte sich davon.

Einige Tage später wurde er gefasst und gestand sein Vergehen. Als das Gericht Shichiri als Zeugen vorlud, erklärte dieser: »Soweit ich es beurteilen kann, ist dieser Mann kein Dieb. Ich habe ihm das Geld geschenkt, und er hat sich bei mir bedankt.«

Nachdem er seine Strafe abgesessen hatte, suchte der ehemalige Dieb Shichiri erneut auf und wurde sein Schüler.

<hr />

◇

Wie durchbricht man die Spirale der Gewalt? Erkennst du ihre Ursachen? Nicht jeder hat Shichiris Stärke, ein anderer hätte schon längst seinen Kopf verloren. So legt er den Grundstein für eine neue Geschichte.

Shichiri ist kein Opfer. Er befreit den Dieb, und die Übertragungslinie wird weitergeführt.

5. Der heilige Mann

In der Gegend verbreitete sich das Gerücht über einen heiligen Mann, der in einer kleinen Hütte hoch oben in den Bergen wohnen sollte. Jemand aus dem Dorf beschloss, den langen und beschwerlichen Weg anzutreten, um ihn zu treffen und um Rat zu bitten. Als er die Hütte erreicht hatte, begrüßte ihn ein alter Diener.

»Ich bin gekommen, um den heiligen Mann zu treffen«, sagte er zu dem Diener. Dieser lächelte und ließ ihn ein. In der Hütte schaute der Mann sich in freudiger Erwartung um. Doch bevor er überhaupt wusste, wie ihm geschah, wurde er schon zum Hinterausgang geleitet und fand sich im Freien wieder. Verwirrt wandte er sich an den Diener: »Aber ich wollte doch den heiligen Mann treffen!«

»Das hast du bereits«, entgegnete dieser, »wem immer du in deinem Leben begegnest, wie einfach und unbedeutend er erscheinen mag, betrachte ihn als Heiligen. Wenn du das befolgst, wird dein Problem, das dich hierher geführt hat, gelöst sein.«

───────────◇───────────

Unermessliche Leere, nichts Heiliges.
Wenn du das Heilige suchst, begegnest
du dem Weltlichen.
Wenn du beides abwirfst,
voilà: das Unvorstellbare.

Manchmal sieht man mit offenen
Augen nichts.
Manchmal blickt man mit geschlossenen Augen durch.
Nichts Heiliges weit und breit.
Weit und breit das Heilige.
Es liegt an dir.

6. Der Schlangenkopf in der Suppe

Im Kloster des Zen-Meisters Fugai wurde eine religiöse Feier abgehalten, die weitaus länger dauerte als vorgesehen. Der Koch wurde immer nervöser, weil er mit der Zubereitung des Abendessens nicht rechtzeitig fertig werden würde. Als die Zeremonie endlich zu Ende war, nahm er eine Sichel, stürzte in den Klostergarten und sammelte in aller Eile Gemüse für die Suppe zusammen. Dabei hieb er einer Schlange den Kopf ab, ohne es zu bemerken.

An diesem Abend lobten die Mönche den köstlichen Geschmack der Suppe. Nur der Meister entdeckte etwas Merkwürdiges in seiner Essschale und rief den Koch herbei. Er hielt ihm den Kopf der Schlange unter die Nase und fragte: »Was ist das?«

Der Koch nahm ihm den Schlangenkopf umgehend aus der Hand, sagte: »Oh, danke, Meister!« und schluckte ihn rasch herunter.

◇

Da ist ein Schlangenkopf in der Suppe! Schlucke ihn geradewegs hinunter. Wenn du einen Fehler machst, übernimm dafür die volle Verantwortung.
Meister und Koch waren im Einklang, so wie Welle auf Welle folgt.

Verzeih mir meine Gedankenlosigkeit, barmherzige Schlange – aber du hast dem Essen einen ganz neuen Geschmack verliehen.

7. Der Weg zur Befreiung

Taoshin sprach zu Huik'e: »Bitte zeigt mir den Weg zur Befreiung.«
»Wer hat dich denn in Ketten gelegt«, fragte der Zen-Meister.
»Niemand.«
«Wieso solltest du dann nach Befreiung suchen?«

---◇---

Es gibt keinen Weg zur Befreiung. Von hier aus gelangt man nicht dorthin. Alle Dinge sind vollkommen. Wer dort angelangt ist, ist noch lange nicht da Und du, lieber Leser, was möchtest du durch diese Zen-Sache verbessern? Nichts fehlt.

Befreiung? Erst rechts, dann links und an der Ecke wieder rechts. Ist eigentlich ganz einfach. – Ach ja, wo wolltest du hin?

8. Die Bedeutung dieses Moments

Ein Mönch fragte Mazu: »Was ist die essentielle Bedeutung des Buddhismus?«

Er antwortete: »Was ist die Bedeutung dieses Moments?«

Keine Bedeutung, einfach nur dieser Moment.

Was ist die grundlegende Lehre?
Welchem Weg soll ich folgen?
Die Alten hätten eine gerissene Antwort parat gehabt: »Der Baum im Hof braucht Wasser.«

9. Die Essenz des Zen

Longtan Chongxin lebte schon viele Jahre bei seinem Meister Tianhuang Daowu. Eines Tages sagte er zu ihm: »Die ganze Zeit, die ich bei Euch verbracht habe, habt Ihr mir keinerlei Unterweisungen erteilt.«

Der Meister widersprach: »Seitdem du zu mir gekommen bist, habe ich nie aufgehört, dich zu unterweisen.«

Longtan fragte: »Wie sollte das möglich sein?«

Daowu erwiderte: »Wenn du mir Tee bringst, nehme ich ihn entgegen. Wenn du mir Essen bringst, nehme ich es entgegen. Wenn du dich vor mir verbeugst, neige ich ebenfalls meinen Kopf. Wie kannst du sagen, ich hätte dich nicht in der Essenz des Zen unterwiesen?«

◇

Es gibt keine Essenz. Jede Sache ist vollständig sie selbst.

Wenn es regnet, wirst du nass.
Wenn die Glocke erklingt, verbeuge dich.
Wenn dein Kind schlecht geträumt hat, tröste es.
Reicht das nicht?

10. Die Natur der Dinge

Zwei Mönche wuschen ihre Essschalen im Fluss, als sie einen ertrinkenden Skorpion bemerkten. Einer der Mönche schöpfte ihn umgehend aus dem Wasser und setzte ihn am Ufer ab. Dabei wurde er gestochen. Als er sich wieder seinen Schalen zuwendete, fiel der Skorpion erneut ins Wasser. Der Mönch rettete ihn und wurde noch einmal gestochen.

Der andere Mönch fragte ihn: »Lieber Freund, warum rettest du immer wieder diesen Skorpion, obwohl du doch weißt, dass es in seiner Natur liegt zu stechen?«

Er antwortete: »Weil es in meiner Natur liegt zu retten.«

――――――――――◇――――――――――

Was ist deine Natur? – Autsch!
Wenn du meinst, sie sei permanent –
Autsch!
Wenn du meinst, sie sei unbeständig –
Autsch!
Wenn du dich für eine Möglichkeit entscheidest – Autsch!
Wenn du dich nicht entscheidest – Autsch!

Bodhisattva Avalokiteshvara hat 1 000 Arme um dich aufzufangen, wenn du fällst.
Der Kniereflex führt zu einer Reaktion, die des abwägenden Großhirns nicht bedarf.
Würdest du eine hässliche Kellerassel verschonen, die unter deiner Schuhsohle krabbelt?

11. Die Schuhe des Dow Bär

Rabbi Löb erzählte über seinen Lehrer Dow Bär: »Dass ich zu ihm fuhr, war nicht, um die Lehre von ihm zu hören: Nur um zu sehen, wie er die Filzschuhe aufschnürt und wie er sie zuschnürt.«

———————◇———————

Wenn Suzuki Roshi einen Apfel aß, ließ er nichts als ein winziges Gehäuse übrig. Ein Lehrer führt ein Leben in großer Achtung allen Dingen gegenüber. Mit welchem Geist hast du gerade die letzte Seite umgeblättert? Warst du deinen Kindern ein gutes Vorbild?

Wer hat dir eigentlich beigebracht, die Schuhriemen zu binden? Wer war dieser geduldige Mensch?

12. Die sechs Jizos mit den Strohhüten

Vor langer Zeit lebten in Japan ein armer alter Mann und seine Frau. Um ihren Lebensunterhalt zu verdienen, flochten sie Strohhüte, die sie auf dem Markt verkauften. Am Vorabend des neuen Jahres hatten sie kaum noch etwas zu essen übrig, so dass der alte Mann mit fünf Hüten aufbrach, um sie in der Stadt zu verkaufen. Der Weg war lang und beschwerlich. Als er schließlich in der Stadt ankam, wollte niemand seine Hüte kaufen. So blieb ihm nichts anderes übrig, als wieder nach Hause zurückzukehren – ohne Geld und ohne Essen.

Während er bedrückt und frierend durch die Felder nach Hause ging, begann es heftig zu schneien. Irgendwann kam er an sechs steinernen Jizo-Statuen vorbei. Der Schnee türmte sich auf ihren Köpfen, und von ihren Gesichtern hingen lange Eiszapfen herab. Der alte Mann hatte ein gutes Herz und wischte den Schnee ab; dann setzte er den Statuen die Hüte auf und flüsterte ihnen zu: »Euch muss sehr kalt sein. Hier, nehmt diese Strohhüte, es will sie sowieso niemand kaufen.« Doch er hatte nur fünf Hüte für sechs Jizos. Daraufhin zog er seinen eigenen Strohhut ab und setzte ihn dem letzten Jizo mit den Worten auf: »Bitte entschuldige, dass ich dir nur diesen alten Hut geben kann.«

Als der alte Mann schneebedeckt und verfroren zu Hause ankam, erzählte er seiner besorgten Frau von den steinernen Jizos, denen er die Hüte überlassen hatte. Da seine Frau ebenfalls ein gutes Herz hatte, sagte sie: »Was du getan hast, war gut. Auch wenn wir arm sind, so haben wir immerhin ein Dach über dem Kopf, sie aber nicht.« Dann setzten sie sich ganz nahe an das Feuer und aßen die letzten Reste, die sie noch übrig hatten.

Mitten in der Nacht wurden der alte Mann und seine Frau von singenden Stimmen geweckt: »Großvater gab den Jizos Hüte aus Stroh. Wo wohnt der Großvater? Großvater bist du da?«

Die beiden fragten sich, was draußen vor sich ging, besonders als sie plötzlich lautes Poltern vernahmen. Vorsichtig öffneten sie die Türe ihrer Hütte und stellten erstaunt fest, dass auf der Schwelle mehrere Päckchen lagen. Darin fanden sie Reis, Wein, Fisch, Reiskuchen für das Neue Jahr, warme Wolldecken und Kleidung. Überglücklich konnten sie in der Ferne gerade noch sechs Jizos mit Strohhüten verschwinden sehen.

»Unendlich ist die Zahl der leidenden Wesen. Ich gelobe, sie alle zu befreien.« – Der arme Mann erbarmt sich selbst frierender Stein-Jizos. Gibt es eine Grenze der Liebe und des Mitgefühls?

Ein großzügiges Herz birgt geheimnisvollen Gewinn. Im Geben liegt die eigentliche Belohnung, sowohl für den Bauern als auch für die Jizos.

13. Die Visitenkarte

Der Gouverneur von Kioto stattete Keichu, einem berühmten Zen-Lehrer der Stadt, seinen ersten Besuch ab. Sein Adjutant legte eine Visitenkarte vor, auf der zu lesen war: *Kitagaki, Gouverneur von Kioto*.

»Mit so einem habe ich nichts zu tun. Sag ihm, er soll verschwinden«, gab Keichu dem Wartenden ungerührt zur Antwort.

Der Adjutant kehrte mit der Visitenkarte und vielen Entschuldigungen zurück. »Es war meine Schuld«, sagte der Gouverneur und strich die Worte *Gouverneur von Kioto* auf der Visitenkarte durch. »Suche den Meister bitte noch einmal auf.«

»Oh, Kitagaki ist hier?«, rief Keichu aus, nachdem er die Karte zum zweiten Mal entgegengenommen hatte, »sag ihm, er soll eintreten.«

Wenn du einen Menschen des Weges treffen möchtest, gib deine Titel an der Tür ab. Wenn du das Dharma teilen möchtest, dann sei nicht gekünstelt. Auf diese Weise würdigt man ein Geschenk.

Jeder andere hätte mich als Gouverneur von Kioto empfangen. Ich danke Euch dafür, mir gezeigt zu haben, dass ich immer noch der Kitagaki bin, der als Kind so gerne in die Pfützen sprang!

14. Ein Jizo mit verkohlten Füßen

Chiin Kano, ein buddhistischer Priester, schaffte es einfach nicht, seine Gelübde einzuhalten. Er war zu sehr mit weltlichen Dingen beschäftigt. An der Straße, die zu seinem Tempel führte, stand ein kleiner Schrein mit einer alten, vergessenen Statue des Bodhisattva Jizo. Hin und wieder, wenn er beim Vorbeigehen daran dachte, verbeugte er sich vor ihr.

Nachdem Chiin Kano gestorben war, meinte sein Meister: »Andauernd hat er seine Gelübde gebrochen. Er wird sicherlich direkt in die Hölle kommen.«

Kurze Zeit später bemerkten die Mönche des Tempels, dass die alte Jizo-Statue aus dem Schrein verschwunden war. Sie dachten sich nichts dabei und hofften, dass sie endlich restauriert werden würde. In der selben Nacht erschien dem Meister im Traum ein Priester und sprach: »Jizo begleitet Chiin Kano in die Hölle, um ihm beizustehen.« Der Meister war erstaunt, dass der Bodhisattva einen derart verdorbenen Priester begleitete. Der Priester im Traum fuhr fort: »Es ist, weil Chiin Kano sich manchmal vor Jizo verbeugte.« Als der Meister aufwachte, lief er sofort zu dem Schrein, um sich zu vergewissern, dass die Statue tatsächlich verschwunden war.

Etwas später hatte er erneut einen Traum, in dem ihm der geheimnisvolle Priester mitteilte, dass Jizo-Bodhisattva aus der Hölle zurückgekehrt sei, doch habe das Feuer dort seine Füße verbrannt.

Sofort lief der Meister zu dem Schrein und stellte erstaunt fest, dass die Statue wieder in ihrer Nische stand und ihre Füße tatsächlich verkohlt waren. Mit Tränen in den Augen verneigte er sich tief bewegt vor Jizo-Bodhisattva.

———————————— ◇ ————————————

Wie oft liege ich nachts wach und denke an alles, was schief gelaufen ist. Jedesmal nehme ich mir vor, dass es morgen besser wird. Doch immer wieder stolpere ich über meine eigenen Füße. Wie oft wünsche ich mir dann, dass ein Engel von seinem Sockel steigt und an meiner Seite steht! Bist du dieser Engel? – Wie geht es eigentlich deinen Füßen?

Rührselige Gefühlsduselei oder tief religiöse Inbrunst – betrachte deine eigenen Füße, um herauszufinden, was deine Narben sind.

15. Ein nicht-verwirklichter Buddha

Ein Mönch fragte: »Der Buddha der alles durchdringenden, höchsten, unübertrefflichen Weisheit meditierte zehn Zeitalter hindurch, doch das vollkommene Dharma manifestierte sich nicht, und er erlangte keine vollständige Befreiung. Warum war das so?«

Ching-Jang erwiderte: »Deine Frage trifft den Kern der Sache.«

Der Mönch ließ nicht locker: »Aber wenn er doch Zazen praktizierte, warum konnte er dann die Buddhaschaft nicht verwirklichen?«

»Weil er ein nicht-verwirklichter Buddha ist«, entgegnete der Meister.

———————— ◇ ————————

Verwirklichter Buddha, nicht-verwirklichter Buddha. Was vereint sie?

Zehn Zeitalter lang ein schmerzender Rücken und taube Beine. Hättest du doch einfach nur Kartoffeln geschält …

16. Einen Dachziegel polieren

Baso saß in Meditation, als sein Lehrer Nangaku an ihn herantrat und fragte: »Was machst du da?«

Baso antwortete: »Ich praktiziere Zazen.«

»Warum praktizierst du Zazen?

»Ich möchte Erleuchtung erlangen. Ich möchte ein Buddha werden!«, entgegnete Baso. Da hob Nangaku einen Dachziegel auf und begann, ihn zu polieren. Baso fragte erstaunt: »Was macht Ihr da?«

»Ich möchte diesen Dachziegel in einen Edelstein verwandeln«, gab Nangaku ihm ungerührt zur Antwort.

»Wie soll das denn gehen, einen Dachziegel in einen Edelstein zu verwandeln?« »Und wie gedenkst du, durch Zazen zu einem Buddha zu werden?«, entgegnete Nangaku. »Du willst Buddhaschaft erlangen? Es gibt keine Buddhaschaft außerhalb deines gewöhnlichen Geistes.«

————————————◇————————————

Mache deine Welt nicht geringer, als sie ist! In Meditation zu sitzen ist WUNDERBAR. Buddha sein mag gewöhnlich sein oder nicht – vorstellen kann man es sich sowieso nicht. Reduziere dein Leben nicht auf deine Wünsche. Alles ist eine gute Gelegenheit, nicht nur das, was man für heilig hält.
Erkenne das Juwel im Dachziegel. Das Juwel ist nicht, was du dafür hältst. Sitze nicht einfach nur, tue etwas. Tue nicht einfach nur etwas, sitze!

Zerbröckelnde Ziegel,
schlafende Statuen,
Wolken kommen,
Wellen gehen,
atme ein,
atme aus,
umarme dein Kind.

17. Etwas fehlt

Ein Zen-Priester, der Blumen, Sträucher und Bäume liebte, wurde mit der Pflege eines berühmten Tempelgartens betraut. Direkt nebenan lag ein weiterer, jedoch bedeutend kleinerer Tempel, in dem ein alter Zen-Meister lebte.

Eines Tages, als hoher Besuch erwartet wurde, gab der Priester sich besondere Mühe: Er jätete das Unkraut, stutzte die Büsche, bürstete das Moos und harkte stundenlang das Herbstlaub, das er anschließend kunstvoll arrangierte. Als er damit fertig war, trat er ein paar Schritte zurück und war mit seinem Werk sehr zufrieden. »Ist das nicht wunderschön?«, rief er dem alten Meister des benachbarten Tempels über die Mauer hinweg zu.

»Ja«, erwiderte dieser, »aber etwas fehlt noch. Hilf mir über die Mauer, und ich werde es für dich richten.«

Nach kurzem Zögern half der Priester dem Alten über die Mauer. Langsam schlurfte der zu einem Baum in der Mitte des Gartens und schüttelte ihn so heftig, dass eine Unzahl welker Blätter sich überall verteilte.

»So, jetzt kannst du mich wieder rüber heben«, meinte der alte Meister und lächelte zufrieden.

◇

Der Herbstwind weht die welken Blätter genau an den richtigen Platz. Oder hast du eine bessere Idee?

Etwas fehlt noch. Geh doch bitte mal aus dem Weg!

18. Findest du meine Vorträge interessant?

Meister Yin-kuang studierte achtzehn Jahre lang in der Einsamkeit der Berge den Tripitaka-Kanon. Während dieser ganzen Zeit empfing er keine Besucher. Später hielt er in Nanking öffentliche Vorträge, doch jeden Abend kam nur ein einziger Besucher – immer der gleiche Mann. Schließlich sprach Meister Yin-kuang ihn an: »Du findest meine Vorträge zu den Sutren wohl interessant?«

Der Mann erwiderte: »Ich habe keine Ahnung, worüber Ihr überhaupt sprecht.«

»Wieso bist du denn dann hier?«, fragte Meister Yin-kuang.

»Ich warte, dass Ihr fertig werdet, damit ich die Stühle wieder wegräumen kann.«

---◇---

Lieber Freund, komm, hilf mir, die Stühle wegzuräumen, ich lade dich zu einer Tasse Tee ein. Lass uns über den Tau am Morgen sprechen, er ist weiser als wir.

Hör auf die, zu denen du sprichst. Der Austausch ist viel interessanter als der Vortrag.

41

19. Himmel und Hölle

Nobushige war ein berühmter Krieger, der wegen seiner geschickten und grausamen Kampftechnik im ganzen Land gefürchtet war. Er hatte Tausende von Menschen mit seinem Schwert getötet. Doch als er älter wurde, erkannte er, dass die Zeit kommen würde, wenn ein jüngerer, geschickterer und schnellerer Kämpfer ihn besiegen würde. Da bereute er, wie er sein Leben geführt hatte, und fragte sich: »Ich habe so viele Menschen getötet. Was wird mich wohl erwarten, wenn ich sterbe?«

Er hatte von dem weisen Lehrer Hakuin gehört, der ganz in seiner Nähe lebte, und beschloss, sich bei ihm nach Himmel und Hölle zu erkundigen. Er legte seine prächtigste Rüstung und sein Schwert an und begab sich zum Tempel des Meisters. Dort angelangt, schritt er geradewegs in die Dhama-Halle, ohne die geringste Form der Höflichkeit und des Respektes zu wahren. Er sah den alten Meister in Meditation versunken, ging zu ihm und wartete, dass er ihm Anerkennung zolle. Der Meister nahm jedoch keinerlei Notiz von ihm. Nobushiges Zorn loderte auf, und schließlich brüllte er ihn an: »He, alter Mann, ich will etwas von dir! Wie steht es um Himmel und Hölle?«

Hakuin sah zu dem Krieger auf und sprach: »Wie, ich soll einen ignoranten, stinkenden Rüpel wie dich unterweisen? Hör auf, meine Zeit zu verschwenden. Verschwinde!«

Entgeistert und voller Zorn zog der Krieger sein Schwert, um dem alten Mann den Kopf abzuschlagen. Genau in dem Moment, als er sein Schwert an den höchsten Punkt geschwungen hatte, sagte der alte Meister ganz ruhig: »In diesem Augenblick öffnet sich das Tor der Hölle.«

Verwirrt hielt der Krieger mitten in der Bewegung inne. Langsam, ganz langsam senkte er das Schwert und ließ es in die Scheide zurückgleiten. In demselben ruhigen Ton sagte der alte Meister: »In diesem Augenblick öffnen sich die Pforten des Himmels.«

———————◇———————

Die meisten Filme enden mit einem Happyend. Doch wie es nach dem Abspann weitergeht, wird selten verraten. Nobushiges Jähzorn ist einfach unbeschreiblich. Was er nicht so gut vertragen konnte: Immer wenn er Meister Hakuin besuchen kam, um mit ihm Tee zu trinken, saß der alte Mann in aller Seelenruhe stundenlang in Meditation, ohne von ihm Notiz zu nehmen. Geduld war keine von Nobushiges trefflichsten Eigenschaften. Doch bis zu seinem Lebensende war ihm nie so recht klar, ob hinter Hakuins Verhalten nicht doch eine gewisse Absicht lag.

Das Schwert, das Leben gibt, das Schwert, das es wieder nimmt. Jeder führte das seine. Zum Schluss haben sie etwas verstanden. [Schnitt]

Was nimmst du aus dieser Szene mit?

20. Joshus Zen

Joshu wurde von einem Schüler gefragt: »Was soll ich tun, nachdem ich alles losgelassen habe?«

Joshu erwiderte: »Lass es los.«

»Aber ich habe doch bereits alles losgelassen!«, entgegnete der Schüler.

»Nun gut«, meinte Joshu, »dann trag es eben mit dir herum!«

———————————— ◇ ————————————

Fall doch nicht immer wieder auf den gleichen Trick herein!
Einatmen.
Ausatmen.

Wenn du ein Problem hast, nimmt Joshu es weg. Wenn du kein Problem hast, gibt er dir eins. Was für ein gnadenloser Zeitgenosse!

21. Körper im Goldenen Wind

Ein Mönch fragte Yun Men: »Wie ist es, wenn der Baum verdorrt und die welken Blätter abfallen?«

Yun Men antwortete: »Körper im Goldenen Wind.«

Yun Men gab einem verzweifelten Mann einen einfachen Rat: Alter und Krankheit kann man nicht aus dem Weg gehen.
Eine junge Patientin, deren Tumor trotz intensiver Therapie unaufhaltsam größer wurde, sagte weinend: »Ich weiß noch nicht einmal, ob ich überhaupt 28 oder 30 Jahre alt werde!«

Der heutige Tag ist einzigartig,
egal was er bringt.
Bevor er gut oder schlecht ist,
einfach da sein –
Aah!

22. Manjushri geht durch das Tor

Eines Tages stand der Bodhisattva Manjushri wartend vor dem Tor, als ihm der Buddha zurief: »Manjushri, warum trittst du nicht ein?«

Manjushri rief zurück: »Ich kann jenseits des Tores nichts erkennen. Warum sollte ich hindurchgehen?«

———————————— ◇ ————————————

Es sieht so aus, als ob Manjushri keine Unterschiede machte. Doch warum tritt er dann nicht ein?
Man könnte sagen, es gibt kein Tor. Warum geht man ihm dann aus dem Weg?
Offiziell kann noch nicht einmal eine Mücke durch das Tor schlüpfen. Inoffiziell gehen Kamele und Karren ein und aus. Alles ist eine Sache der Übung – doch du musst es auch üben.

Manjushri, der alte Krieger, erblindete mit der Zeit im Licht der Weisheit. Das war nicht unbedingt von Nachteil: Auch wenn seine Augen nicht mehr so recht erkennen konnten, was draußen vor der Tür geschah, so machte er doch keinerlei Unterschiede zwischen richtig und falsch, innen und außen, dir und mir. Wo er steht, da ist er.

23. Nansen tötet eine Katze

Eines Tages stritten die Mönche der östlichen und der westlichen Tempelhallen um eine Katze. Schließlich packte Nansen die Katze, hielt sie hoch, so dass alle sie sehen konnten, und sprach: »Wenn ihr etwas zu sagen habt, werde ich diese Katze nicht töten!«

Doch niemand aus der Mönchsgemeinschaft erhob seine Stimme. Zum Entsetzen der Mönche schnitt Nansen die Katze in zwei Teile.

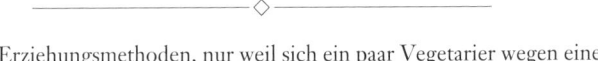

Grässliche Erziehungsmethoden, nur weil sich ein paar Vegetarier wegen eines Fleischfressers zankten. Ich mag diese fürchterliche Geschichte nicht.

Stößt du dich am geschriebenen Wort oder an der Grausamkeit der Welt?
Ist Nansen ein Schlächter oder ein Spiegel? Tötest du die Katze?

Eine Zeitungsnotiz meldete, dass ein Gehbehinderter auf einem Bahnübergang stürzte. Als die Schranken sich schlossen, sahen die Passanten einfach nur zu, wie er sich vergeblich bemühte, wieder aufzustehen. Was hätte man tun können?

24. Nichts existiert

Yamaoka Tesshu, ein junger Schüler des Zen, suchte einen Lehrer nach dem anderen auf, um sich von ihnen den Grad seiner tiefen Einsicht bestätigen zu lassen. Eines Tages kam er zu Dokuon und wollte ihn ebenfalls beeindrucken. Er erklärte: »Der Geist, Buddha und alle empfindenden Wesen existieren nicht wirklich. Die wahre Natur der Phänomene ist Leerheit. Es gibt keine Verwirklichung, keine Täuschungen, keine Weisheit und keine Mittelmäßigkeit. Nichts ist zu geben und nichts ist zu empfangen.«

Dokuon zog ruhig an seiner Bambuspfeife und sprach kein Wort. Plötzlich schlug er mit seiner Pfeife auf den erwartungsvoll abwartenden Schüler ein. Rasende Wut stieg in dem enttäuschten Schüler hoch.

»Wenn doch nichts existiert«, gab Dokuon mit einem Lächeln zu bedenken, »woher kommt dann deine Wut?«

◇

Wenn du sagst, nichts existiere, wirst du die Schmerzen zu spüren bekommen. Wenn du an deinen Erfahrungen festhältst, wirst du in ein betäubendes Nichts stürzen.
Warum wachst du nicht einfach auf?

Am besten rezitiert man die Sutren über die Leerheit in einer Sprache, die man nicht versteht. Der Klang der Worte füllt den Raum – nicht hier, nicht dort. Hast du sie gesagt, habe ich sie gesagt? Ein-Klang, wie ein Windhauch.
– Zack!!

25. Priester Senkei

Priester Senkei, ein wahrer Mensch des Weges!
Er arbeitete schweigend – ohne überflüssige Worte.
Dreißig Jahre lebte er in Kokusens Gemeinschaft.
Niemals saß er in Meditation, niemals las er Sutren.
Niemals sprach er ein Wort über Buddhismus.
Er arbeitete einfach für das Wohl von allen.
Ich sah ihn, aber sah ihn nicht wirklich;
ich traf ihn, aber traf ihn nicht wirklich.
Ah, es ist unmöglich, ihn nachzuahmen.
Priester Senkei, ein wahrer Mensch des Weges.

– Ryokan

◇

Wofür soll dieser Mensch gut gewesen sein?
Nie sprach er,
30 Jahre lang hat er auf Kosten der Gemeinschaft gelebt.
Niemals meditierte er, niemals studierte er, er hat nie gelehrt.
Naja, vielleicht bemühte er sich ja um das Wohlergehen aller.
Er blieb mir immer ein Geheimnis.
Hat er überhaupt existiert?
Er war wirklich einzigartig, wertlos, und dennoch …

Welche Spuren hinterließ Priester Senkei? Ein Windhauch, und er verschwand von der Erde. Vielleicht setzt du seine Arbeit ja fort …

26. Richtig und nicht richtig

Während längerer Exerzitien, an denen Schüler aus allen Landesteilen Japans teilnahmen, wurde einer der Teilnehmer beim Stehlen erwischt. Der Vorfall wurde Zen-Meister Bankei vorgetragen, mit der Bitte, den Täter auszuschließen. Bankei lehnte dies jedoch ab.

Wenig später wurde der Schüler erneut beim Stehlen überrascht – und wieder lehnte Bankei es ab, den Täter nach Hause zu schicken. Verärgert über Bankeis Verhalten, verfassten die anderen Teilnehmer eine Bittschrift, in der sie verlangten, den Dieb umgehend von den Exerzitien auszuschließen, da sie andernfalls geschlossen nach Hause fahren würden.

Bankei ließ alle Teilnehmer zusammenkommen und sprach zu

---------------- ◇ ----------------

Die Schüler haben Recht und … nicht Recht.
Bankei hat Recht und … nicht Recht.
Ich habe Recht und … nicht Recht.
Du hast …
Zumindest hat Bankei Mitgefühl ins rechte Licht gerückt.

Wirf den Schlüssel nicht weg. Versuche es immer wieder und wieder und wieder.
Was für ein wunderbares Geschenk, das Bankei kostenlos angeboten hat.

Das mag zwar stimmen, aber es ist ja auch nicht dein Geld gestohlen worden.

Wäre es mein Geld gewesen, dann hätte ich dem Dieb natürlich etwas anderes erzählt.

ihnen: »Ihr seid weise Männer, denn ihr wisst, was richtig und was nicht richtig ist. Wenn ihr wollt, könnt ihr gerne woanders hingehen. Dieser arme Bruder kennt jedoch leider nicht den Unterschied zwischen richtig und falsch. Wer wird ihn unterweisen, wenn ich es nicht tue? Ich werde ihn nicht wegschicken, auch wenn ihr alle geht.«

Dem diebischen Schüler schossen Tränen in die Augen. Alles Verlangen, zu stehlen, war aus ihm gewichen.

27. Stein-Geist

Zen-Lehrer Hogen lebte zurückgezogen in einem kleinen Tempel auf dem Lande. Eines Tages kamen vier verfrorene Wandermönche vorbei und baten, in seinem Garten ein wärmendes Feuer anzünden zu dürfen.

Während sie Holz zusammensuchten, hörte Hogen sie über Subjektivität und Objektivität debattieren. Er trat zu ihnen, deutete auf einen großen Stein und fragte: »Was meint ihr, ist dieser Stein innerhalb eures Geistes oder außerhalb?«

Einer der Mönche erwiderte: »Vom buddhistischen Standpunkt aus betrachtet, ist alles eine Objektivierung des Geistes, und daher würde ich sagen, dass dieser Stein in meinem Geist ist.«

»Dein Geist muss aber ziemlich schwer sein, wenn du so einen Stein mit dir herumschleppst«, entgegnete Hogen achselzuckend.

◇

Ob dein Geist schwer oder leicht ist, lass los! Wenn du voller Steine bist, lass los. Wenn du glaubst, die Steine seien leer, heb sie auf! Hogen offenbart deine Vorurteile – die Steine jedoch bleiben.

Der Stein-Geist rührt sich keinen Millimeter vom Fleck.
Der Feder-Geist weht von Ort zu Ort.
Der Kein-Geist klammert sich an jedes Wort.
Die blaue Lilie weiß nichts von alledem.

28. Sutren-Rezitation

Ein Bauer bat einen Priester, für seine verstorbene Frau Sutren zu rezitieren. Danach fragte der Bauer: »Glaubt Ihr, meine Frau hat sich durch die Rezitation Verdienste erworben?«

»Nicht nur deine Frau; allen empfindenden Wesen wird es nützen«, antwortete der Priester.

»Wenn dem so ist«, entgegnete der Bauer, »werden die Wohltaten ja auch anderen Verstorbenen zu Gute kommen, und meine Frau wird nur einen kleinen Teil davon erhalten. Ich bitte Euch, rezitiert die Sutren nur für sie.«

Erneut erklärte ihm der Priester das Bestreben der Buddhisten, alle empfindenden Wesen in ihre guten Wünsche einzuschließen.

»Das ist eine schöne Lehre«, meinte der Bauer, »doch ich bitte Euch, eine Ausnahme zu machen: Ich habe einen Nachbarn, der mir gegenüber immer sehr grob und gemein war. Schließt ihn bitte aus all den empfindenden Wesen aus.«

◇

Befreie alle empfindenden Wesen, nur nicht die, die nicht in meine Vorstellungswelt passen. Bitte befreie diesen hier aus seiner engen Sichtweise. Erlöse alle Wesen (auch mich) von der Täuschung.

Kennst du eigentlich unseren Nachbarn? Dummerweise bin ich ebenfalls sein Nachbar.

29. Vielleicht

Ein alter Bauer hatte jahrelang seine Felder bestellt. Eines Tages lief ihm sein einziges Pferd davon. Seine Nachbarn eilten herbei und meinten voller Anteilnahme: »Welch ein Unglück!« »Vielleicht«, entgegnete der Bauer.

Am nächsten Morgen kehrte das Pferd mit drei wilden Pferden im Gefolge zurück. »Wie wundervoll!«, riefen die Nachbarn daraufhin aus. »Vielleicht«, entgegnete der Bauer.

Am folgenden Morgen versuchte sein Sohn, eines der wilden Pferde zu reiten, wurde jedoch abgeworfen und brach sich ein Bein. Wieder kamen die Nachbarn, um ihre Anteilnahme auszudrücken. »Vielleicht«, sagte der Bauer.

Noch einen Tag später kamen hohe Offiziere in das Dorf, um junge Männer zur Armee einzuziehen. Als sie sahen, dass der Sohn des Bauern ein gebrochenes Bein hatte, gingen sie zum nächsten Haus. Die Nachbarn gratulierten dem Bauern zum guten Ausgang der Angelegenheit. »Vielleicht«, antwortete der Bauer nur.

---◇---

Man weiß nie, ob das, was schlecht zu sein scheint, nicht doch zum Guten führt. Lass dich durch nichts abschrecken.
Hat dieser Kommentar irgendetwas Gutes an sich? Vielleicht ja, vielleicht nein. Nächster Fall.

Im Frühling tragen die Apfelbäume Blüten.
Im Sommer reift das Korn.
Im Herbst färben sich die Blätter.
Im Winter fällt der Schnee.
Vielleicht.

30. Warum schlagt Ihr mich?

Deshan Xuanjian sprach zu den Mönchen: »Sobald ihr eine Frage stellt, habt ihr euch schon getäuscht. Wenn ihr nicht fragt, täuscht ihr euch ebenfalls.«

Ein Mönch trat vor und verbeugte sich. Daraufhin versetzte Deshan ihm einen Schlag.

Der Mönch wunderte sich: »Ich habe mich doch nur verbeugt. Warum schlagt Ihr mich?«

Deshan erwiderte: »Hätte ich etwa warten sollen, bis du den Mund aufmachst?«

◇

Wo immer du dich hinwendest, wo immer du dich versteckst – du wirst nicht entkommen, das Leben wird dir seinen Schlag versetzen.
Verbeug dich einfach.

Und wieder eine dieser – Zack!, überflüssigen Geschichten – Zack! Zack, Zack, Zack!
Und ganz nebenbei – Autsch!, brauchst du eine Erklärung?

31. Wasche nicht nur meine Füße

Viele Monate waren die Schüler mit ihrem Lehrer bereits durch das Land gezogen. Hinter seinem Rücken hatten sie angefangen, über ihre Rangfolge zu streiten.

Eines Abends, als sie das Essen vorbereiteten, stand der Lehrer plötzlich auf, legte seine Oberkleider ab und nahm ein leinenes Tuch zur Hand. Er goss Wasser in eine Schüssel und begann, seinen Schülern die Füße zu waschen und mit dem leinenen Tuch zu trocknen.

Der Älteste seiner Schüler fragte erschrocken: »Du bist unser Meister! Warum wäscht *du* uns die Füße?«

Jesus antwortet ihm: »Was ich tue, verstehst du jetzt vielleicht noch nicht, doch später wirst du es begreifen.«

———————————◇———————————

Die besten Plätze sind bereits vergeben. Es sind nur noch die staubigen übrig geblieben, die ganz weit hinten gelegenen, die inmitten all der leidenden Wesen. Wo willst du sitzen? Und wie willst du ihnen helfen?

Wer ist Jesus, und wer sind seine Schüler? Könntest du einer von beiden sein? Jede Geschichte ist eine Erleuchtung, jede Geschichte ist eine Verwirrung. Tauche in sie ein, und du wirst die Welt mit klaren Augen sehen.

32. Wie ein Traum

Lu Geng äußerte in einem Gespräch mit Nanquan: »Meister Seng Tschau schrieb: ›Himmel und Erde haben mit mir dieselben Wurzeln; alle Dinge und ich sind ein Leib.‹ Ist das nicht wunderbar?«

Nanquan wies mit dem Finger auf die Blumen im Hof: »Wie Träumende betrachten die Menschen Blumen wie diese hier.«

———————————— ◇ ————————————

Was ist gerade geschehen? Würde ein Kommentar helfen? Oder ist es wie das Licht einer Taschenlampe im Sonnenschein, wie ein geschlossenes Auge um Mitternacht? Was sieht dieser Blinde? Was ist die Weisheit des Taus am Morgen?

Ach Nanquan, sei doch nicht so streng. Eine Blume ist eine Blume und ein Träumender ein Träumender. Im Sommer wird das Gras geschnitten und auf den Kompost geworfen. Im Winter legt sich der Schnee auf das Land. – Und was ist mit dir?

33. Yunyan fegte den Hof

Yunyan fegte den Hof, als Daowu vorbeikam, eine Weile zusah und meinte: »Zu beschäftigt.«

Yunyan entgegnete: »Du solltest wissen, dass es einen gibt, der nicht beschäftigt ist.«

»Dann gibt es also einen zweiten Mond.«, gab Daowu zu bedenken.

Yunyan schwang den Besen über seinen Kopf und rief: »Welcher Mond ist das?«

———————◇———————

Ich habe gerade keine Zeit für diese Geschichte.
Was ist mit dir?
Wir sind viel zu beschäftigt.
Woher kommt das?
ein Strich des Besens
reicht in jede Ecke der Welt.

Was machst du, wenn du
etwas machst?
Läufst du deinen Fußspuren
hinterher?
Was machst du, wenn du
nichts machst?
Läufst du vor deinen Fußspuren her?
Wo bist du, wenn du hier bist?

34. Alle Gebete sind schon geschrieben

Der estnische Komponist Arvo Pärt erzählte einem russisch-orthodoxen Mönch, dass er Gebete schreibe und hoffe, dass ihm dies als Komponist geistlicher Musik helfen werde.

Der Mönch entgegnete: »Du irrst dich. Alle Gebete sind bereits geschrieben. Du brauchst keine mehr zu schreiben. Alles ist vorbereitet. Jetzt musst du dich vorbereiten.«

———————◇———————

Beten oder nicht beten?
Komponieren oder nicht komponieren?
Was willst du?

Wohin gehen die Lieder, wenn sie verklungen sind?
Wohin gehen die Gebete, wenn sie gesprochen sind?
Wohin gehst du, wenn du am Ende bist?

35. Alle Wesen sind Buddha

Albert Low, der Leiter des *Montreal Zen Center*, kündigte eine gute und eine schlechte Nachricht an.

Die gute: »Du bist Buddha.« Die schlechte: »Alle Wesen sind Buddha.«

Wieso soll das schlecht sein? Die gute Nachricht ist, dass du ein Buddha bist. Die beste, dass alle Wesen Buddha sind.

Wie gerne wäre ich die Ausnahme, der Goldfisch zwischen all den anderen Fischen. Aber nein, es gibt nur goldene Fische in diesem Tümpel.

Lass uns gemeinsam dieses Problem lösen.

36. *Asche auf den Buddha*

Ein Mann betrat mit einer Zigarette in der Hand das Zen-Zentrum, blies der Buddha-Statue den Rauch ins Gesicht und schnipste Asche in ihren Schoß. Als der Abt ihn bemerkte, stellte er ihn erbost zur Rede: »Bist du verrückt geworden? Warum lässt du die Asche auf den Buddha fallen?«

Der Mann lachte: »Alles ist Buddha. Warum also nicht?«

––––––––––––––––––– ◇ –––––––––––––––––––

»Versucht nicht, mich mit Worten und Bildern festzunageln!«
Es gibt da jedoch einen Trick: »Diese Statue ist nicht Buddha!« Was ist sie?

Warum achtest du den Aschenbecher nicht? Glaubst du, dass er kein Buddha sei? Eine Statue zu missachten ist eine Sache, aber sei doch nicht so arrogant.

Meinst du, mein Kommentar war arrogant?

Ich meine, wer Asche auf den Buddha fallen lässt, missachtet nicht nur den Buddha, sondern auch den Aschenbecher. Das ist eine ganz persönliche Arroganz. Wir sind alle arrogant. Ich glaube nicht, dass du da eine Ausnahme bist.

Hm, könnte sein. – Egal, 80% aller rauchenden Buddhas bekommen sowieso einen Lungentumor. Und die anderen rauchen weiter.

37. Buddha ist weiblich

Sylvia Wetzel, eine buddhistische Lehrerin aus Berlin, lud während einer Konferenz in Dharamsala, dem indischen Exilwohnsitz des 14. Dalai Lama, zu einer Meditation ein: »Eure Heiligkeit, verehrte Lamas. Stellen Sie sich inmitten dieses Saales bitte einen großen goldenen Buddha vor. – Dieser Buddha ist weiblich. Alle Bodhisattvas und Buddhas der Vergangenheit, deren Abbildungen die Wände schmücken, haben weibliche Körper. Ebenfalls anwesend ist die 14. Dakini Dalai Lama – sie ist eine Frau. In 14 Lebensspannen hat sie den Körper einer Frau angenommen, in dem sie in bestmöglicher Weise Weisheit und Mitgefühl zum Ausdruck bringt. Dann beginnt die 14. Dalai Lama mit ihrer Unterweisung: ›Die Buddha, sie sagte dieses; die Buddha, sie sagte jenes.‹ Auch wenn andauernd der Begriff ›sie‹ gebraucht wird, seid ihr Männer dennoch angesprochen. Ihr seid auch in unseren Klöstern willkommen, solange ihr damit einverstanden seid, ganz hinten zu sitzen und ihr euch um das Kochen und Putzen kümmert.«

Viele Nonnen nickten während dieser Rede zustimmend. An ihrem Ende nahm der Dalai Lama die Hände vor das Gesicht und weinte: »Ich hatte keine Ahnung, wie schwer es für Frauen ist. Ich werde Änderungen veranlassen. Was sollen wir tun?«

Die Nonnen erklärten: »Eure Heiligkeit, wir haben einen Bericht erarbeitet. Wir möchten ein Kloster für Frauen, wir möchten ein Ausbildungsprogramm, wir wünschen eine Änderung der Regeln bei den Versammlungen.«

Er erwiderte: »Ich werde allem nachkommen. Was zählt, ist Mitgefühl und die Einsicht aller Menschen, dass die Essenz der Buddha-Natur in Freundlichkeit besteht, die wir einander schenken können. Das ist das Allerwichtigste.«

———————◇———————

Große Weisheit, großes Mitgefühl.
Großes Mitgefühl, große Weisheit.
Männer, Frauen.
Frauen, Männer.
Unterschiede sind ein Problem.
Nicht-Unterscheidung kann es verstecken.
Lasst uns unsere Herzen öffnen und uns
von ihnen leiten lassen.

Was sollen Männer in dieser verfahrenen Geschichte tun? Den Frauen tolerant das Feld überlassen? – »Zieht den Karren doch selber aus dem Dreck!« – Verletzt.
Was sollen Frauen in dieser verfahrenen Geschichte tun? Selber die Zügel in die Hand nehmen? – »Heute leider geschlossene Gesellschaft!« – Verletzt.
Erleuchtung Hand in Hand.
Doch wer sind wir?

38. Bewusstsein

Ein Psychiater wollte von dem japanischen Zen-Meister Shunryu Suzuki Roshi wissen, was der Buddhismus über das Bewusstsein zu sagen habe. Suzuki meinte: »Ich verstehe nichts vom Bewusstsein. Ich versuche meinen Schülern lediglich beizubringen, wie man dem Gesang der Vögel lauscht.«

———————————— ◇ ————————————

Der Wind raschelt in den Blättern.
Die Spatzen zwitschern in den Bäumen.
In der Ferne kräht ein heiserer Hahn.
Wasserkästen werden polternd in den Transporter geladen.

Es gibt mehr im Leben als das, was uns begegnet.
Piep, piep, miau, miau.
Das Geräusch des Windes in den Bäumen erinnert daran, dass dieser Augenblick ein Geheimnis birgt.

39. Das Feuer retten

Der Dramatiker Antonin Artaud wurde gefragt, was er zuerst retten würde, wenn sein Haus in Flammen stünde. Er antwortete: »Die Flammen!«

———————————◇———————————

Es ist töricht, bei einem französischen Dramatiker Erkundigungen einzuholen, der sich schon so oft die Finger an der Frage verbrannt hat, ob er überhaupt im Besitz seiner eigenen Gedanken sei.
Tut-ench-Amun jedenfalls hat alles Wichtige mit ins Grab genommen – man kann ja nie wissen …

Wirf deine Vermutungen weg. Die Flammen könnten zu grausam sein. Am Ende bleibt nur Asche übrig.
Was nimmst du aus dieser Geschichte mit? Sei aber bitte nicht zu gierig!

40. Das geht vorüber

Ein Schüler berichtete seinem Meditationslehrer: »Meine Meditation ist fürchterlich! Entweder bin ich dauernd abgelenkt, oder meine Beine schmerzen, oder ich schlafe ein. Es ist einfach schrecklich!«

»Das geht vorüber«, meinte der Lehrer nüchtern.

Eine Woche später suchte der Schüler ihn erneut auf und war diesmal ganz begeistert: »Meine Meditation ist wunderbar. Ich fühle mich achtsam, friedlich und lebendig! Es ist einfach wunderbar.«

»Das geht vorüber«, meinte der Lehrer nüchtern.

———————◇———————

Die Welt befindet sich von Augenblick zu Augenblick im Übergang. Wie geht es dir?
... – Schon vorbei.

Diesen Kreis im Sand habe ich dir mitgebracht – und eine Verbeugung von ganzem Herzen. Seine vollkommene Schönheit entfaltet er, wenn Regen und Wind das ihre beitragen. Mach die Augen auf!

41. Den Weg verkörpern

Die Krankenschwester und Zen-Lehrerin Ellen Jikai Birx antwortete auf die Frage, wie sie das Bodhisattva-Ideal, alle leidenden Wesen zu erlösen, zu erfüllen versuche: »Ich verkörpere den Bodhisattva-Weg, indem ich meiner Familie das Essen koche, die Wäsche mache und meine Enkelin auf den Knien schaukele. Ich verkörpere den Weg, indem ich mit meinem Mann ins Kino und zum Essen ausgehe. Ich verkörpere den Weg, indem ich einer Krankenpflegeschülerin oder einem Krankenpflegeschüler helfe, einen älteren Alzheimer-Patienten zu waschen und anzuziehen. Ich verkörpere den Weg, indem ich Zazen und Kinhin praktiziere, meinen Schülern begegne und während Sesshins Unterweisungen gebe. Ich verkörpere das Bodhisattva-Ideal in dem einfachen, schönen und anmutigen Leben einer Frau.«

---◇---

Einfach so!
Und wie verkörpere ich den Weg?
Ich muß intensiver üben!

Wenn es mir doch nur gelänge, nicht andauernd über meine Vorstellungen, Meinungen und Ansichten zu stolpern.

42. Der Geist der Selbstsucht

Zwei Wanderer durchstreiften die Berge von Santa Barbara. Hinter einer Wegbiegung sahen sie auf einem Felsvorsprung einen Berglöwen sitzen, der sie konzentriert und hungrig beobachtete. Erschrocken blieben sie stehen. Schließlich nahm einer der beiden ganz langsam seinen Rucksack ab, worauf der andere flüsterte: »Was tust du? Du kannst nicht schneller laufen als dieser Berglöwe.«

Er erwiderte: »Ich muss nicht schneller als der Berglöwe sein, ich muss nur schneller sein als du.

---◇---

Man könnte der Ansicht sein, dass beide Wanderer gerettet werden müssten. Geh einen Schritt weiter: Was ist mit dem Löwen? Und wenn wir schon dabei sind: Vergiss nicht die Herausgeber, die Drucker, diejenigen, die das Papier und die Farbe herstellten; denk auch an dich, lieber Leser.
Warum soll man vor einer so großen Verpflichtung davonlaufen? Stell dich deiner eigentlichen Verantwortung.

[Kamera zoomt auf den Löwen]: »Nehmt es mir bitte nicht übel, dass ich meinen Instinkten folge: Das Gewissen ist sowieso nur ein hinderliches Konzept. – RRROAARH!«

43. Der Große Tag meiner Ankunft

Der japanische Zen-Meister Shunryu Suzuki besuchte die Ostküste der Vereinigten Staaten. Als er bei der Buddhistischen Gesellschaft von Cambridge eintraf, fand er die Mitglieder damit beschäftigt, zur Vorbereitung seines Besuches eifrig das Haus zu schrubben. Alle waren überrascht, ihn zu sehen, denn er hatte sich erst für den folgenden Tag angekündigt.

Doch Shunryu Suzuki band einfach die Ärmel seiner Robe hoch und begann, bei der Vorbereitung des »Großen Tages meiner Ankunft« mitzuhelfen.

————————◇————————

Morgen erst? Was nun? Ins Hotel gehen und bis dahin Tee trinken? Wenn ich noch gar nicht hier bin, kann ich die Zeit ja nutzen und den Menschen zur Hand gehen. Es soll schließlich ein schöner Empfang werden. Und sie geben sich alle so viel Mühe.
Ärmel hoch – anpacken!

Eine wichtige Person kommt an.
Ich sollte bei den Vorbereitungen helfen.
Gast und Gastgeber sind eins.
Nichts besonders Wichtiges.

44. Die Dornen könnten dein Pferd verletzen

Jeden Sonntag lud der amerikanische Zen-Mönch Issan Dorsey zum Brunch ins *Jamesburg House*, der letzten Station vor einer 14 Meilen langen unbefestigten Bergstraße zum Kloster Tassajara. Regelmäßig tauchte dort ein ziemlich unwirscher Cowboy auf, der nie sein Pferd anband, so dass es immer in den Garten lief und dort das Gras abfraß. Niemand traute sich, ihn darauf aufmerksam zu machen.

Schließlich sagte Issan: »Du solltest dein Pferd anbinden, die Dornen an den Rosensträuchern könnten es verletzen.«

———————◇———————

Manchmal ist es schwierig, sich ein Herz zu fassen, wenn man sich der Konsequenzen nicht sicher ist. Issan fand die richtigen Worte und gab einem Furcht einflößenden Kerl die Chance, sich um die Dinge zu kümmern.

Issan fand einen Weg, alle Wesen von ihrem selbstsüchtigen Standpunkt zu erlösen. Einfach weil nichts sein Eigentum war.

45. Die Magie ist überall

Die isländische Sängerin und Komponistin Björk berichtete in einem Interview, dass die Rhythmus-Pattern und Klänge ihrer Musik mit alltäglichen Gegenständen erzeugt werden, die sie zu Hause oder im Internet findet.

Der Interviewer wunderte sich: »Das ist ein sehr kindlicher Ansatz, Musik zu machen: Einfach schauen, wo ein Geräusch herkommt, Geräusche machen, ein paar Rhythmen erzeugen und dann alles aufnehmen.«

Björk antwortete: »Ja, es geht um die Magie, und sie ist überall. Es ist eine Geisteshaltung. Dabei spielt es überhaupt keine Rolle, welches Hilfswerkzeug du benutzt.«

---◇---

Musik ist überall – was ist das Selbst?
Das Selbst ist überall – nichts ist zu
hören.
Musik und Selbst verschwinden – das
Konzert endet nie.

Lausche!
Lausche!
Die Blätter im Wind …

46. Die Menschheit steht am Scheideweg

Der amerikanische Regisseur Woody Allen meinte: »Mehr als jemals zuvor in der Geschichte der Menschheit stehen wir an einem Scheideweg. Der eine Weg führt in Verzweiflung und vollkommene Hoffnungslosigkeit, der andere in die vollständige Auslöschung. Lasst uns beten, dass wir die Weisheit besitzen, den richtigen zu wählen.«

---◇---

Wenn es keinen Ausweg gibt – atme.
Wenn es einen Ausweg gibt – atme.
Was haben beide Situationen gemeinsam?

Sind das Gründe aufzugeben? Wenn du betest, erwarte nicht, dass sich die Dinge von alleine ändern. Bringe das Beste für dich und mich zum Vorschein.

47. Die oberflächliche Bedeutung genügt

Ein gerade neu ordinierter Mönch trat vor Maezumi Roshi und erklärte: »Roshi, ich möchte mich der Betrachtung der tiefen Bedeutung des Lebens widmen.«

Lachend erwiderte Maezumi Roshi: »Für dich genügt die oberflächliche Bedeutung.«

---◇---

*Der Weg ist weder besonders noch
gewöhnlich.
Nimm, was immer du triffst.
Die Oberfläche hat kein Ende.
Die Tiefe ist nicht verborgen.
Das Universum ist unglaublich freigiebig.
Sei nicht so geizig.*

Die Vögel wissen es bereits,
die Blumen blühen es jeden Tag!
Was für eine wunderbare Gelegenheit, der Bodhisattva Avalokiteshvara zu begegnen.
Ich bitte dich, auch wenn sie 1 000 Arme hat, geh ihr doch etwas zur Hand:
So viele Wesen!

48. Die Vorstellung, etwas zu erreichen

Ein Schüler fragte Shunryu Suzuki, wie man ohne die Idee, etwas erreichen zu wollen, überhaupt Zazen praktizieren könne.

»Du hast noch eine letzte Vorstellung davon, etwas erreichen zu wollen«, antwortete Suzuki.

»Welche ist das?«, wollte der Schüler wissen.

»Das ist ein Geheimnis.«

---◇---

Wie immer, ist das Geheimnis nicht verborgen, die Türe steht weit offen.

Lass dir nicht erzählen, es gebe nichts zu entdecken! Das ganze Leben ist ein Geheimnis, tiefer als du es je ergründen wirst.

49. Erleuchtung

Eines Tages verkündete der Meister, einer der jungen Mönche habe einen fortgeschrittenen Zustand der Erleuchtung erlangt. Diese Neuigkeit sorgte für ziemlich große Aufregung unter den anderen. Einige gingen zu dem betreffenden Mönch und fragten ihn, ob es stimme, dass er erleuchtet sei. Er antwortete: »So ist es.«

»Und wie fühlst du dich?«

»Genauso miserabel wie vorher«, meinte der Mönch.

———————◇———————

Also, wenn ich erst einmal erleuchtet bin, hört der ganze Ärger hier auf. Dann werden meine Schüler für mich das Geschirr abspülen und die Toilette saubermachen. Und meine Gallensteine tun dann auch nicht mehr weh.

Was ist eigentlich das Wichtigste? Wenn du »Erleuchtung« sagst, ist das ein Wort, ein Konzept, eine Erfahrung. Sollte man es festhalten – oder loslassen?

50. Grabe etwas tiefer

Zen-Meister Dae Kwang zitierte ein koreanisches Sprichwort: »Wenn man an einem asiatischen Christen kratzt, kommt darunter ein Buddhist zum Vorschein. Wenn man an einem europäischen Buddhisten kratzt, kommt darunter ein Christ zum Vorschein.« Er empfahl, etwas tiefer zu graben.

⸻ ◇ ⸻

Flach oder tief – beides bleibt an der Oberfläche. Christlich oder buddhistisch sind nur Kategorien.
Du bist du. Was ist verborgen?

So viele Menschen graben und graben, um die Wahrheit zu finden. Wenn du eine Schaufel haben willst, stell dich hinten an. Doch egal, was du finden wirst – womit könntest du es vergleichen?
Wichtiger ist: Wie kannst du es verwirklichen?

51. Ich lehre kein Verstehen

Während einer Reise durch Europa wurden dem koreanischen Zen-Meister Seung Sahn von einem Schüler viele Fragen gestellt, auf die er mit den unterschiedlichsten Antworten reagierte. Schließlich meinte der Schüler frustriert: »Verehrter Zen-Meister, ich möchte doch nur Ihre Lehre verstehen.«

Seung Sahn lächelte: »Das ist sehr gut. Doch ich lehre kein Verstehen. Ich lehre nur ›Nicht-Verstehen‹.«

———————⋄———————

Wirf dein Verstehen weg. Wirf »Nicht-Verstehen« ebenfalls weg. Was bleibt?

Die Frucht auf dem Tisch, was ist das? Mmh – schmeckt wunderbar!

52. Ich weiß es nicht

Ein Schüler kam zu seinem ersten Interview mit Zen-Meister Wu Bong. Nach der Verbeugung ließ er sich vor dem Meister auf dem Kissen nieder und wartete auf eine sicherlich tiefgründige Frage, die er selbstverständlich ebenso tiefgründig beantworten würde. Wu Bong erkundigte sich freundlich: »Woher kommst du?«

»Ich stamme aus dem Rheinland …« antwortete der Schüler und wollte zu einer näheren Erklärung ansetzen.

»Nein, nein«, wurde er unterbrochen, »da kommt vielleicht dein Körper her, aber wo kommst DU her?«

»Ich weiß nicht …«

Wu Bong sagte lächelnd: »Sei dir dieses ›Ich weiß nicht‹ immer bewusst, dann bleibt alles klar!«

———————————— ◇ ————————————

Wo kommst du her? Eine tiefgründige Frage. Sind Eizelle und Spermie Ursache oder Wirkung? – Eltern, Großeltern, Urgroßeltern, Kinder, Enkel, Urenkel …

Was verstehe ich schon von
›Ich weiß nicht‹?
Einen schlauen Kommentar
weiß ich nicht.
Einen albernen Kommentar
weiß ich nicht.
›Ich weiß nicht‹ beendet das Thema nicht,
sondern leitet es ein.
Wer bist du? Öffne die Tür.

53. In welcher Beziehung stehen wir zueinander?

Pema Chödrön, eine amerikanische Nonne der *Kagyu*-Tradition des tibetischen Buddhismus, war am *San Francisco Zen Center* zu Besuch. Eine der Priesterinnen, die früher unter ihr studiert hatte, wollte sich von ihr verabschieden. Pema sagte: »Auf Wiedersehen, Dharma-Schwester.«

Die Zen-Priesterin erwiderte: »Auf Wiedersehen, Dharma-Tante.«

»In welcher Beziehung stehen wir eigentlich zueinander?«, wunderte sich Pema.

———————————— ◇ ————————————

Was ist ihre Beziehung?
Was ist deine Beziehung?
Was ist unsere Beziehung
Heute tanzen die weiße Wolke und der blaue Berg.

Danke, allen Dharma-Eltern, -Geschwistern, -Kindern, ihr habt mir das Wort im Mund herumgedreht, ihr habt mir das Lächeln in die Hand gedrückt, ihr habt mir die Tränen vor die Füße geworfen. Alles ist euer. Und nichts ist mir klar.

54. Jeder bekommt, was er verdient

Der an Aids erkrankte Issan Dorsey meinte: »Jeder bekommt, was er verdient, ob er es nun verdient oder nicht.«

---◇---

Ursache und Wirkung.
Ursache und Wirkung. Ursache und Wirkung.
Wenn du einen Notausgang kennst, lass es mich bitte wissen!

Wo immer du gehst, da bist du.
Wie immer du es nennen magst, es bleibt doch dieselbe verdammte Sache.
Akzeptiere die Dinge, wie sie sind, und bemühe dich weiter.

55. Jeder kann ein wenig Vervollkommnung gebrauchen

Shunryu Suzuki ermutigte seine Schüler mit den Worten: »Jeder Einzelne von euch ist perfekt, so wie er ist – und doch könnt ihr noch ein wenig Vervollkommnung gebrauchen.«

———◇———

Weder selbstzufrieden noch
unvollkommen.
Weder ichbezogen noch bedürftig.
Du hast es, doch es bedarf deiner Auf-
merksamkeit.
Du hast es nicht, doch es liegt in deiner
Hand.
Worauf wartest du?

Liegt es in der Natur eines Hundes,
auf Kommando Sitz zu machen?
Wie erklärt man ihm, dass er Buddha-
Natur hat?

Gib ihm Futter und streichle ihn.

56. Leidet ein Zen-Meister genauso wie seine Schüler?

Reb Anderson fragte Shunryu Suzuki: »Leidet ein Zen-Meister genauso wie seine Schüler?

Suzuki erwiderte: »Wenn er es nicht tut, ist er nicht gut genug.«

---⬦---

Durch harte Übung führte Shunryu Suzuki ein gewöhnliches Leben mit allen Wesen.
Wir werden alle sterben.
Der Buddha war ein menschliches Wesen, deshalb konnte er für uns ein Lehrer sein.
Das ist außergewöhnlich genug.

Suzuki Roshi warf seinen Sohn voller Wut ins Wasser, weil er die Schule schwänzte.
Dae Soen Sa Nim erholt sich nur langsam von seiner Herzoperation.
Die Schmerzen in den Beinen während des Zazen auf dem Kissen hören nicht auf.
Wir teilen den gleichen Planeten, essen dasselbe Brot.
Erkennst du dich wieder?

57. Mitten ins Auge des Ochsen

Der japanische Zen-Lehrer Kobun Chino Roshi übte mit seinem Kyudo-Lehrer Shibata Sensei. Shibata Sensei schoß den Pfeil mitten ins Ziel und reichte den Bogen schweigend an Kobun weiter. Kobun nahm ihn entgegen, legte an, drehte sich jedoch plötzlich zur Seite und schoß den Pfeil mit großer Aufmerksamkeit und Perfektion weit aufs Meer hinaus! Als der Pfeil in die Wasseroberfläche eindrang, meinte er: »Mitten ins Auge des Ochsen! «

---◇---

Begnüge dich nicht mit dem Auge des Ochsen. Ziele darüber hinaus!
Gate, gate, paragate, parasamgate, bodhi svaha!
Gegangen, gegangen, darüber hinaus gegangen, über das Gehen hinaus gegangen. Licht – Wunderbar!

Es ist nicht so schwierig, den Kopf einer Stecknadel zu treffen. Viel mehr Aufmerksamkeit erfordert es, in die Mitte des weiten Meeres zu zielen. Traust du dir zu, diesen Weg zu gehen?

58. Plutonium-Abfall

Die Friedens- und Umweltaktivistin Joanna Macy sagte: »Es ist unverantwortlich, unseren Atommüll zur Sonne zu schießen oder ihn einfach tief in der Erde zu verbuddeln. Wir sollten ihn in unserer direkten Nähe aufbewahren und gut auf ihn achten; vielleicht sollten wir ihn sogar in Museen ausstellen. Genauso, wie man während der Meditation mit seinem eigenen giftigen Müll sitzt.«

◇

Radioaktiver Abfall, Hass und Täuschung mit einer Halbwertzeit von Jahrtausenden.
Eine strahlende Perle im giftigen Müllhaufen.
Verschwende keine Zeit!

Es ist besser, seine Fehler ganz nach bei sich zu haben – so können sie nicht in Vergessenheit geraten.

Auf meiner Handfläche findest du alles wieder – schau nur genau hin: den Atompilz über Hiroshima, die Bomben über Dresden, die brennenden Ölfelder Kuwaits, die einstürzenden Zwillings-Türme in New York, die Tellerminen in Somalia, die Aids-Opfer Ost-Afrikas, den berstenden Kern des Atomreaktors in Tschernobyl, eine gestürmte Oper in Moskau. Nichts haben wir im Griff. Und dennoch greifen wir zu.

59. Und dennoch

Ein Mann schlenderte an einem einsamen Strand in Mexiko dem Sonnenuntergang entgegen. In der Ferne bemerkte er einen Einheimischen, der sich immer wieder bückte, etwas aufhob und weit ins Meer hinaus warf. Als er näher kam, erkannte er, dass der Mann angeschwemmte Seesterne auflas und ins Wasser warf. Erstaunt fragte er ihn, was er da mache.

»Ich werfe Seesterne zurück ins Meer. Wie du siehst, ist gerade Ebbe, und die Seesterne bleiben am Strand liegen. Wenn ich sie nicht zurückwerfe, sterben sie.«

»Hm, ich verstehe. Aber es müssen doch Tausende hier am Strand herumliegen. Du kannst sie doch unmöglich alle aufsammeln. Und außerdem werden an der ganzen Küste Seesterne angeschwemmt. Weitaus mehr, als du retten kannst. Da macht es doch keinen Unterschied, ob du dich bemühst oder nicht.«

Der Mexikaner bückte sich lächelnd, hob einen weiteren Seestern auf und warf ihn zurück ins Meer: »Für diesen hier macht es wohl einen Unterschied!«

――――――――――――― ◇ ―――――――――――――

Alles zählt! Alle Wesen zu erretten ist keine ideologische Kuscheldecke. Es bedeutet, jedem Augenblick, jeder sich bietenden Gelegenheit, vollständig zu begegnen. Mach daraus keine Sensationsmeldung.

Als Bodhisattva Avalokiteshvara endlich alle leidenden Wesen erlöst hatte und erschöpft ins Nirvana eintreten wollte, blickte sie zurück – und die Welt war erneut mit leidenden Wesen angefüllt. Welch vergebliche Mühe! Und dennoch!

60. *Verzichte nicht auf deine kritische Intelligenz*

Khandro Rinpoche ist eine der wenigen weiblichen Rinpoches in der Welt des tibetischen Buddhismus. Eine Frau fragte sie: »Wie können wir mit Wut umgehen?«

Rinpoche antwortete in einem scharfen Ton: »Wut ist immer Zeitverschwendung.«

Die Frau erwiderte: »Aber was ist mit Dingen, die falsch sind, über die man sich zu Recht ärgert?«

Khandro Rinpoche entgegnete, wiederum mit schneidender Stimme: »Ich habe nicht gesagt, dass du auf deine kritische Intelligenz verzichten sollst.«

Manchmal drückt einen die Hitze des Sommers nieder.
Manchmal beißt die Kälte des Winters bis auf die Knochen.
Manchmal folgt einem Gewitter ein blauer Himmel.
Wie auch immer das Wetter ist, beobachte genau.

Wut ist eine Zeitverschwendung, die sich mit spitzen Haken in deinen Worten verfängt und tiefe Narben in deinen Händen hinterlässt. Wenn du etwas tun kannst, dann steh auf und tue es. Wenn du es nicht kannst, was dann?

Finde heraus, warum du wütend bist.

Und was dann?

Kläre es und mache weiter!

61. Wachse weiter

Als Taitaku Pat Phelan in ihr Amt als Äbtissin des *Chapel Hill Zen Center* eingesetzt wurde, fragte ihre 17jährige Tochter Dhyana: »Was ist der Sinn des Lebens?«

Sie antwortete: »Wachse weiter!«

———————◇———————

Es ist gut, eine Richtung zu haben. Schenke die Freundlichkeit, die du von anderen erwartest. Wir unterscheiden uns, doch wir sind nicht unterschiedlich.
Die Dinge laufen nicht immer so, wie du es geplant hast. Gib dein Bestes, ihnen so zu begegnen, wie sie gerade sind.
Liegt irgendein Sinn darin?

Die Bedeutung des Lebens liegt im Tun. Solange du lebst (wenn nicht länger), ist das Ende offen.
Wachse weiter!
Frage weiter, antworte weiter, entwickle dich weiter …

62. Was ist das?

Als Seung Sahn den tibetischen Lehrer Kalu Rinpoche traf, nahmen sie an einem Tisch Platz, auf dem Orangen lagen. Seung Sahn deutete auf eine Orange und fragte: »Was ist das?«

Kalu Rinpoche überhörte höflich diese sonderbare Frage. Seung Sahn ließ jedoch nicht locker: »Was ist das?«

Rinpoche wandte sich flüsternd an seinen Assistenten: »Kennen die in Korea keine Orangen?«

◇

Hier kommen die Spieler. Wir erwarten ein packendes Match, bei dem es Sieger und Verlierer geben wird. Da fliegt auch schon der Ball auf das gegnerische Tor zu!
Ohhhh – wer hätte je gedacht, dass dcr Tibeter ein so guter Torhüter ist!

Ist es ein Witz?
Ist es ein kulturelles Missverständnis?
Ist es ein Es?
Ist es ein Objekt
Ist es ein Subjekt?
Ist es eine Frage?
Ist es ein Statement?
Was ist es?
Wer bist du eigentlich?

63. Was ist denn nun mit Zen?

Maurine Stuart berichtete von einem Gelehrten, der den Rinzai-Lehrer Nyogen Senzaki in einem seiner Zendos in den USA besuchen kam, um Informationen über Zen zu sammeln. Nyogen Senzaki führte ihn in den Zendo. Der Mann holte sein Notizbuch hervor und wollte gerade seine erste Frage stellen, als Senzaki einen Finger auf die Lippen legte und flüsterte: »Pssst, wir meditieren hier schweigend.«

Danach führte er den Gelehrten in die Küche, wo dieser erneut anhob, seine Fragen zu stellen. Doch Senzaki kam ihm zuvor: »Pssst, wir kochen und essen hier schweigend.«

Schließlich betraten sie die Bibliothek, und der Gelehrte dachte: »So viele schöne Bücher, hier können wir bestimmt über Zen reden.« Doch Senzaki sagte: »Wir lesen hier schweigend.«

Als er zur Tür geleitet wurde, rief der Gelehrte enttäuscht aus: »Aber was ist denn nun mit Zen?«

◇

Was ist nun mit Zen ... WAS IST NUN MIT ZEN ... WAS ist nun mit Zen ... Was ist NUN mit Zen ... Was ist nun MIT ZEN ...?
Redest du über irgendetwas? Beobachte klar!

Das Geheimnis des Zen ist ziemlich gut versteckt. Wo immer du auch suchst, du hast keine Chance, es zu finden.
Willkommen zu Hause!

64. *Wenn du isst und liest, dann iss und lies nur!*

Eines Tages sah ein Zen-Schüler Meister Seung Sahn frühstücken und dabei gleichzeitig Zeitung lesen. Das machte ihm schwer zu schaffen, denn in den Zen-Unterweisungen heißt es: »Wenn du liest, dann lies nur. Wenn du isst, dann iss nur.«

Er fragte Seung Sahn, warum er sich nicht an diese Unterweisung halte, worauf dieser erwiderte: »Wenn du isst und liest, dann iss und lies nur!«

––––––––––––––––– ◇ –––––––––––––––––

Ein duftendes Croissant mit Butter und Honig an einem sonnigen Frühlingsmorgen. Die Kaffeemaschine blubbert, und in der Zeitung steht, dass Kwan Se Um Bosal Hand in Hand mit Mutter Teresa in Kalkutta gesehen wurde. Ist das nicht wunderbar?
Und was machst du gerade?

Stellt der Schüler eine Frage?
Gibt Seung Sahn eine Antwort?
Gebe ich gerade einen Kommentar?
Liest du gerade ein Buch?
Also was?

65. Wieder an der Spitze

In einem Interview wurde der irische Musiker Van Morrison gefragt: »Für mich klingt der Titel Deines Albums ›*Back on Top*‹ wie ein durchaus absichtsvolles Statement.«

Van Morrison antwortete: »Es gibt kein Oben. Selbst wenn man dieses Level erreicht hat, macht man einfach weiter sein Ding. Du tust, was du tust. Es gibt kein Oben, kein Unten, keine Mitte. Alles ist, wie es ist. Verstehst du?«

———————————◇———————————

In diesem Augenblick zu leben heißt vollkommen man selbst zu sein, ohne daraus eine Zeitungsmeldung zu machen. Von einer 30 Meter hohen Fahnenstange zu springen, zum Anfänger-Geist zurückzukehren, Nichtwissen, ein Mensch ohne Rang, ein Blinder im Dunkeln sein – das alles sind nur Metaphern. Einfach so – nichts ist extra. Van Morrison übt sein Handwerk aus, indem er sein Herz offenbart. Verstehst du?

Ob du dich auf der Gewinnerseite oder auf der Verliererseite wähnst, morgen werden wieder die aktuellen Charts erscheinen. Alles ändert sich. Mach einfach weiter!

66. Wie kann ich das lernen?

Ein Schüler fragte Dainin Katagiri: »Westliche Lehrer sind sehr gut, ihre Vorträge sind oft ausgezeichnet, und sie benutzen leicht zugängliche Beispiele aus ihrem eigenen Leben. Doch viele östliche Lehrer, selbst die weniger guten, strahlen so viel Wärme und Vertrauen aus. Wie kann ich das von Ihnen lernen?«

Katagiri Roshi antwortete: »Wenn mich die Leute heute sehen, dann sehen sie die vielen Jahre nicht, die ich mit meinem Lehrer verbracht habe.«

---◇---

Weisheit ist noch nicht alles.
Hilf deinem Lehrer, hilf allen Wesen.
Finde das Allerwichtigste.
Verkörpere es von ganzem Herzen.
Lasse nichts aus.
Füge nichts hinzu.
Vergiss nicht zu atmen.

Der Klang der Glocke im Wind!
Die Vögel am Morgen.
Das Geräusch des Lastwagens,
der um die Ecke biegt.
Eine weiße Wand, ein schwarzes
Kissen.
108 Verbeugungen, 24 700 Tränen
und die unermesslich weite Welt
in diesem Augenblick.

67. Wie kann ich dir helfen?

Zen-Meister Wu Bong wurde von einem Schüler gefragt: »Das erste Gelübde eines Bodhisattva lautet: ›Zahllos sind die leidenden Wesen – ich gelobe, sie alle zu befreien.‹ Wie gehen Sie mit diesem Gelübde um? Wie verwirklichen Sie diesen unerfüllbaren Anspruch in Ihrem Leben?«

Zen-Meister Wu Bong holte tief Luft und meinte lächelnd: »Wie kann ich dir helfen?«

———————◇———————

Der Lehrer durchschaut das Versteckspiel und bringt alles auf den Punkt: »Wie kann ich *dir* helfen, deinen eigenen Schritten zu trauen?«

Es geht nicht darum, ob es möglich ist.
Tu es einfach.
Der Schüler half Wu Bong, Wu Bong half dem Schüler.
Wie kann ich dir helfen? Ach, ich sehe, dir wird bereits geholfen.
Einfach nur Helfen! – Nicht wer oder wem.

68. Wie lange werde ich brauchen?

Ein Schüler der Kampfkünste ging zu einem Lehrer und eröffnete ihm mit großem Ernst: »Ich möchte auf jeden Fall Ihren Kampfstil erlernen. Wie lange werde ich wohl brauchen, bis ich ihn beherrsche?«

Der Lehrer antwortete beiläufig: »Zehn Jahre.«

Ungeduldig sagte der Schüler daraufhin: »Aber ich möchte es schneller schaffen. Wenn es sein muss, werde ich eisern trainieren, zehn Stunden täglich – oder mehr! Wie lange werde ich dann wohl brauchen?«

Der Lehrer dachte einen Augenblick nach und meinte: »Zwanzig Jahre.«

---◇---

Wie sehr du dich auch anstrengst, du wirst nie etwas Besonderes werden. Atme auf – und du bist etwas Besonderes.

Begegne allem vollständig. Es gibt keine Abkürzungen. Es gibt keinen anderen Ort.
Jahre sind nur angesammelte Momente – wo stehst du jetzt? Es wird so lange dauern, wie es eben dauert. Genieße die Reise, sie ist ebenso wichtig wie das Ziel.

69. Wir sind am falschen Ort

Nach einem Besuch der berühmten Klagemauer im jüdischen Viertel Jerusalems, durchstreifte Zen-Meister Wu Bong die Stadt noch zu Fuß. Er befand sich in Begleitung zweier Dharma-Lehrer der israelischen Sangha, Yuval Gill und Yael Gaaton. Selbstverständlich hatte man ihm nahe gelegt, das arabische Viertel Jerusalems zu meiden. Als die Führerin der kleinen Gruppe, Yael Gaaton, durch einen Anruf auf ihrem Handy kurz abgelenkt war, verlor sie Wu Bong und Yuval Gill aus den Augen. Schließlich fand sie die beiden auf dem arabischen Markt im Ostteil Jerusalems wieder und flüsterte ihnen zu: »Leute, wir sind hier am falschen Ort.« Doch die Männer lächelten nur und zeigten auf einen farbenprächtigen Gewürzstand, der gerade geöffnet wurde.

◇

Heute wurden die Passagiere eines Busses durch eine Bombe in die Luft gejagt. Als Antwort wurde ein Dorf niedergewalzt und mehrere Einwohner erschossen.

Die falsche Zeit, um schwarzen Tee mit einem frischen Salbeiblatt in Hebron zu trinken. Die falsche Zeit, um unter Shalom Ben-Chorins blühendem Mandelbaum in Jerusalem zu sitzen.

Zeig mir einen besseren Ort. Nenn mir eine bessere Zeit.

Grauenhaft, GRAUENHAFT! Die Tragödie findet jedoch nicht nur im Nahen Osten statt. Unser Haus, wo immer wir sind, steht in Flammen. Können wir das Leiden genau dort lindern, wo wir uns gerade befinden? Meister Wu Bong folgte einfach seiner Nase. Und was machst du nun, was nun, was NUN …?

70. Wohin gehst du?

Als Issan Dorsey auf dem Sterbebett lag, sagte einer der älteren Schüler zu ihm: »Ich werde dich vermissen.«

Issan antwortete: »Ich werde dich auch vermissen.« Dann, nach einer kurzen Pause, fügte er hinzu: »Wohin gehst du?«

–––––––––––––––––––– ◇ ––––––––––––––––––––

Alles in allem.
Das Haus wird gebaut,
es wird abgerissen.
Die Sonne vertreibt den Nebel,
der über den Feldern liegt.
Wir kommen, wir gehen.
Wohin?

Genau das ist es. Es gibt nichts anderes.
Lasst uns die gemeinsame Zeit genießen.

71. Mache das Beste aus einem dummen Fehler

Als Mel Weitsman sein Amt als Abt des *San Francisco Zen Center* niederlegte, sagte Mitsuzen Lou Hartmann zu ihm: »Ein Drittel meines Lebens habe ich der Zen-Praxis gewidmet, und du warst mein erster Lehrer. Ich kann mich noch gut an deine ersten Unterweisungen erinnern. Eines Morgens kam ich, mit dem Buch *No Mind* von Daisetz Teitaro Suzuki wedelnd, zu deinem alten Haus gelaufen und rief: ›Ich muss mit dir über dieses Buch reden!‹, woraufhin du mir zur Antwort gabst: ›Aber *ich* muss mit dir nicht über dieses Buch reden. Wenn du jedoch im Zendo sitzen möchtest, dann ist das in Ordnung.‹

Auch wenn ich das damals nicht verstehen konnte, war das mein erster Schritt weg von der Praxis, die auf ›intellektuellem Verständnis‹ beruht. Seitdem sind 27 Jahre vergangen, und ich spreche weder über Bücher, noch schreibe ich Bücher. – Ich habe es sogar aufgegeben, Bücher überhaupt zu lesen. Doch ich sage dir: ›Dein Rat war ein großer Fehler!‹«

◇

Wie soll man sich an Weggabelungen entscheiden? Welcher Pfad ist der richtige? Sollte man nicht besser jemanden fragen, der sich auskennt? – Oder lieber der eigenen Unsicherheit trauen? Eine Münze werfen? Es gibt keinen Weg zurück. Geh einfach weiter!

Mach schon weiter! Dein letzter Fehler ist vergangen. Auf zum nächsten!

Unter Gelächter fragte er dann: »Was hast du mir diesmal zu sagen?«

Umgehend erwiderte Sojun Mel Weitsman: »Mache das Beste aus einem dummen Fehler.«

GLOSSAR

Avalokiteshvara (chin. Guanyin, jap. Kannon, Kanzeon, kor. Kwan Se Um) *Bodhisattva* des Mitgefühls. In der Ikonographie wird sie/er vielfach mit 11 Köpfen oder 1 000 Armen dargestellt.

Bodhisattva Ein erleuchtetes Wesen, das sein Eingehen in das vollständige *Nirvana* aufgeschoben hat, bis alle Wesen vom Leiden erlöst sind. Zu den »großen« Bodhisattvas gehören *Manjushri, Avalokiteshvara* und *Kshitigarbha (Jizo)*. Sie verkörpern bestimmte Qualitäten des Buddha. Der Dalai Lama gilt als Verkörperung des *Bodhisattva Avalokiteshvara* (tib. Chenrezig).

Buddha (skrt. »der Erwachte«) Ein Wesen, das vollständige Erleuchtung erlangt hat. Shakyamuni Buddha ist der historische Buddha, der im 6. Jhd. v. u. Z. als Prinz Siddhartha Gautama in Kapilavastu, einer nordindischen Stadt im heutigen Nepal, geboren wurde.

Buddha-Natur Die wahre, unveränderliche Natur aller Wesen.

Dae Seon Sa Nim In Korea die förmliche Anrede eines älteren, erfahrenen Zen-Meisters; hier auch die für Zen-Meister Seung Sahn gebrauchte Anrede.

Dakini Mit magischen Kräften ausgestattete weibliche Wesen, die im tibetischen Buddhismus höchste Weisheit verkörpern und Praktizierende in geheime Lehren einweihen.

Dharma Die Lehre des *Buddha*; bezeichnet aber auch die Manifestationen der Wirklichkeit.

Gassho (jap.) Förmliche Verbeugung mit vor der Brust zusammengelegten Handflächen.

Jizo (skrt. *Kshitigarbha*, chin. Ti Tsang, jap. Jizo, kor. Ji Jang) *Bodhisattva*, der allen leidenden Wesen in den sechs Höllenbereichen beisteht; Beschützer der Kinder und der Reisenden; Helfer im Übergang von dieser in die nächste Welt.

Karma (skrt. »Tat«, »Werk«) Gesetz von Ursache und Wirkung, oft als »Schicksal« missinterpretiert; eher: ethisches Modell zu den Auswirkungen von Handlungen.

Kinhin Achtsame Geh-Meditation im Zen.

Kwan Se Um Bosal Koreanischer Name des *Bodhisattva Avalokiteshvara*.

Kyudo Japanischer Schulungsweg des Bogenschießens.

Leerheit (skrt. Sunyata, jap. Ku) Das Wesen der höchsten Natur der Wirklichkeit, die zugleich unendliches schöpferisches Potential darstellt. Mit Leerheit ist nicht die »Abwesenheit der Dinge« gemeint, sondern das bedingte Entstehen der Phänomene, die kein eigenständiges, unabhängiges Selbst besitzen. Im *Herzsutra* heißt es: »Form ist Leerheit. Leerheit ist Form.« Leerheit ist das von jeglicher Dualität und von allen Merkmalen freie Absolute.

Manjushri (chin. Wenju, jap. Monju, kor. Mun Su) Die Weisheit verkörpernder *Bodhisattva*. Er wird meist mit einem die Unwissenheit durchschneidenden Schwert dargestellt.

Nirvana (skrt. »Verlöschen«, »Verwehen«) Bezeichnung für einen nicht-dualistischen Zustand, in dem die Freiheit von allem Leiden verwirklicht ist. Es ist die Einheit mit dem Absoluten, die vollständige Erleuchtung, die zum Verlassen des Kreislaufs der Wiedergeburten (Samsara) führt.

Rinpoche Lehrertitel im tibetischen Buddhismus.

Roshi In Japan die förmliche Anrede für einen älteren, erfahrenen Zen-Meister.

Sangha Die Gemeinschaft der Praktizierenden. Ursprünglich wurden damit nur die buddhistischen Mönche und Nonnen bezeichnet, später auch die sie unterstützende Laienschaft.

Sensei In Japan die förmliche Anrede eines Zen-Lehrers oder Lehrers einer anderen geistigen Disziplin.

Sutra Buddhistischer Lehrtext, der auf Unterweisungen des *Buddha* zurückgeht.

Tripitaka (skrt. »Dreikorb«) Der dreiteilige Kanon frühbuddhistischer Schriften. Diese im 1. Jhd. v. u. Z. niedergeschriebenen Texte, werden als vollständige schriftliche Sammlung der Lehren *Buddhas* angesehen.

Zazen (»Sitzen in Versunkenheit«) Die formelle Meditation des Zen.

QUELLENANGABEN

Die Dialoge, Geschichten und Anekdoten dieses Buches entstammen den unterschiedlichsten Zeiten und Orten. Viele Menschen haben dazu beigetragen, dass sie heute immer noch zu lesen sind. Es ist daher nicht verwunderlich, dass unterschiedliche Versionen weitererzählt wurden.

Robert Aitken, Hrsg: *The Gateless Barrier: The Wu-Men Kuan*, North Point Press, 1991: 15, 23

Robert Aitken: *Taking the Path of Zen*, North Point Press, 1982: 2 (dt. Ausgabe: Zen als Lebenspraxis, Diederichs, 1997)

Martin Buber, Hrsg.: *Die Erzählungen der Chassidim*, Manesse-Verlag, Conzette und Huber, Zürich, 1949: 11

Thomas und J.C. Cleary, Hrsg.: *The Blue Cliff Record* (*Pi-yen-lu* von Hsüeh-tou Ch'ung-hsien), Prajna Press, 1978: 21, 32

Thomas Cleary, Hrsg.: *Book of Serenity. One Hundred Zen Dialogues*, Lindisfarne Press, 1990: 33

Andy Ferguson: *Zen's Chinese Heritage*, Wisdom Publications, 2000: 8, 9, 30

Philomene Long: *American Zen Bones. Maezumi Roshi Stories*, Beyond Baroque Books, 1999: 47

Sean Murphy: *One Bird, One Stone. 108 American Zen Stories*, Renaissance Books, 2002: 70

Paul Reps und Nyogen Senzaki, Hrsg.: *Zen Flesh, Zen Bones*, Shambhala Publications, 1995: 4, 6, 13, 19, 20, 24, 26, 27 (dt. Ausgabe: Ohne Worte, ohne Schweigen, O. W. Barth Verlag, 1993)

Nyogen Senzaki und Ruth Strout McCandless Hrsg.: *The Iron Flute: 100 Zen Koans*, Tuttle Publishing, 2000: 22

Meister Ryokan: *Alle Dinge sind im Herzen. Poetische Zen-Weisheiten*, Herder-Verlag, 1999: 25

Seung Sahn, Jane McLaughlin und Paul Muenzen, Hrsg.: *The Whole World is a Single Flower – 365 Kong-ans for Everyday Life*, Tuttle Library of Enlightenment, 1992: 36

Shunryu Suzuki: *Zen Mind, Beginners Mind*, Whetherhill, 1971: 16 (dt. Ausgabe: Zen-Geist, Anfänger-Geist, Theseus Verlag, ¹²2002)

Michael Wenger, Hrsg.: *33 Fingers. A Collection of Modern American Koans*, Clear Glass Publishing, 1994: 46, 55, 58, 66

Michael Wenger, Hrsg.: *Wind Bell: Teachings from the San Francisco Zen Center – 1968-2001*, North Atlantic Books, 2001: 71

Michael Wenger: 1, 39, 44, 53, 54, 56, 57, 62

Arndt Büssing: 9, 23, 52, 67
　　31 ist eine freie Nacherzählung aus dem Johannes-Evangelium (Joh. 13);
　　12 und 14 sind freie Nacherzählungen zweier japanischer Jizo-Legenden.

Mit freundlicher Genehmigung von Sylvia Wetzel: 37 (Die ausführliche Meditation, die dieser Geschichte zugrunde liegt, findet sich in Sylvia Wetzels Buch *Herz des Lotos. Frauen und Buddhismus*, Fischer Spirit, 1999).

Mit freundlicher Genehmigung von David Chadwick: aus: David Chadwick, Hrsg.: *To Shine one Corner of the World. Moments with Shunryu Suzuki*, Broadway Books, 2001: 38, 40, 43, 48

Mit freundlicher Genehmigung von Zen-Meister Dae Kwang aus: Diana Clark, Hrsg.: *Only DOing it for Sixty Years*, Primary Point Press, 1987: 51, 64

Mit freundlicher Genehmigung von Venerable Khandro Rinpoche: 60

Mit freundlicher Genehmigung von Albert Low: 35

Mit freundlicher Genehmigung von Ellen Jikai Birx Sensei: 41

Mit freundlicher Genehmigung von Yuval Gill: 69

Mit freundlicher Genehmigung von Zen-Meister Dae Kwang: 42, 50

Mit freundlicher Genehmigung von Markus Kavka, *MTV Deutschland:* 45

Mit freundlicher Genehmigung von *Musikexpress*, München: 65

Mit freundlicher Genehmigung von Jens Schünemeyer, ECM Records: 34 (aus dem Beiheft zur CD Arvo Pärt: *Tabula Rasa*, ECM New Series 1275 / 817 764-2)

Übersetzungen aus dem Amerikanischen von Dr. Arndt Büssing.

Die Tuschezeichung »Jahr des Drachens« (S. 10) ist von Hoitsu Suzki, die Bilder »Buddha« (S. 51), »Herbstblatt« (S. 35), »Jizo« (S. 91) und »Zazen« (S. 45) sind von Arndt Büssing.

HERAUSGEBER

Arndt Büssing wurde 1962 in Düsseldorf geboren, studierte Medizin, ist verheiratet und hat zwei Kinder. Er arbeitet als promovierter Arzt und Forscher mit dem Schwerpunkt komplementäre Therapieverfahren in der Begleitung von Tumorpatienten und hat die Lehrerlaubnis der Universität Witten/Herdecke für das Fach »Experimentelle Medizin – Klinische und experimentelle Phytotherapie.« Er ist Mitglied der *Kwan Um Zen Schule*, begleitet die *Ji-Jang Bosal Zen-Gruppe* in der Justizvollzugsanstalt Schwerte und ist Herausgeber des Buches *Regen über den Kiefern. Zen-Meditation für chronisch Kranke und Tumorpatienten* (Johannes M. Mayer-Verlag, Stuttgart, 2001).

Michael Dai Ryu Wenger wurde 1947 in Brooklyn, New York, geboren, studierte Psychologie, ist verheiratet und hat einen Sohn. Seit 1972 lebt er im Stadtzentrum des *San Francisco Zen Center* und ist zur Zeit Dekan der *Buddhist Studies*. 1999 erhielt er von Sojun Mel Weitsman die Dharma-Übertragung. Er ist Autor und Herausgeber von *33 Fingers. A Collection of Modern American Koans* (Clear Glass Publishing, San Francisco, 1994), *Wind Bell: Teachings from the San Francisco Zen Center – 1968-2001* (North Atlantic Books, Berkeley, 2001) und hat gemeinsam mit Sojun Mel Weitsman Vorträge von Shunryu Suzuki Roshi unter dem Titel *Leidender Buddha – glücklicher Buddha* (Theseus Verlag, Berlin, 1999) herausgegeben.

DANKSAGUNG

Herzlichen Dank allen, die dazu beigetragen haben, dieses Buch entstehen zu lassen. Viele Begegnungen haben Eindrücke hinterlassen, die sich erst im Laufe der Zeit entfalten.

Jetzt schon möchte ich mich bei meiner Frau Claudia für ihre vielen Kommentare und Anregungen bedanken – und dafür, dass sie da ist! Eine Umarmung für unsere Kinder Oliver und Annika, die ich auf ihrem Lebensweg begleiten darf.

Ich verneige mich vor einem grau gekleideten Mönch, der mit einer Verbeugung in der Morgendämmerung auf dem Vorhof *des Hwa Gye Sa Tempels* in Seoul einen Stein ins Rollen brachte. Ich verbeuge mich auch vor Heinz-Jürgen Metzger, Hae-Jin Sunim, Albert Low, Joan Halifax Roshi, Bernd Bender, Ursula Richard, Arne Schäfer, Roland Wöhrle-Chon Ji Do Pop Sa Nim, Dae Kwang Soen Sa Nim, Wu Bong Soen Sa Nim und der *Ji-Jang Bosal Zen-Gruppe* in der JVA Schwerte. Ich danke den Freunden und Lehrern, die mich ermutigt haben, meinen christlichen Wurzeln zu trauen, insbesondere Johanna Dederichs, Pater Konrad Lienhard und Wilhelm Bruners.

Ein besonderer Dank an Michael Dai Ryu Wenger, dass er sich auf dieses »transkontinentale Projekt« eingelassen hat und mir so ein besonderer Lehrer wurde.

Arndt Büssing, Schwerte, Oktober 2002

Unternehmungen wie dieses stützen sich auf ein unsichtbares Netzwerk, ohne das alle Bemühungen gar nicht möglich wären. Diese Unterstützung ist dem Empfänger nicht unbedingt in vollem Umfang begreifbar. Doch ich muss damit leben, einige Unterstützer sehr wahrscheinlich übersehen zu haben.

Dank an die großen Lehrrichtungen des Buddhismus, an meine eigene Schule des Soto-Zen, Suchende und Praktizierende aller meditativen Traditionen; an viele, mit denen ich am *San Francisco Zen Center* praktiziert habe; meine vielen Lehrer, insbesondere Sojun Weitsman und Dainin Katagiri; an Zentatsu Baker, Issan Dorsey, Yvonne Rand, Lew Richmond und Reb Anderson; an meine Eltern Helen and Alvin Wenger; an meine Frau Barbara, meinen Sohn Nathan, unsere zwei Katzen Grace und Lucy (Hüte dich, Nansen!); all diejenigen, die meine Unzulänglichkeiten ertragen mussten und mit ihnen umgegangen sind; an Jeffrey Schneider, meinen Assistenten beim Schreiben dieses Buches; meine deutschen Freunde Bernd Bender, Sybille Scholz, Doris Dörrie; an Phillip Whalen, Gretel Ehrlich, Donald Ritchie und Sam, dafür, dass sie vollständig die waren, die sie sind; meine Mentoren und Freunde Andy Cooper, Griff Foulke, Bernard Faure, Carl Bielefeldt, George Lane, Michael Phillips, Rudy Hurwich, Michael Katz, Kaz Tanahashi, Angel Stoyanoff, Steve Allen; und natürlich meinen Komplizen Arndt, ohne den dieses Projekt gar nicht angefangen worden wäre; an Ursula Richard und alle Mitarbeiter des Theseus Verlags; und Dank an jeden, den ich vergessen habe oder von dessen verborgenem Beitrag ich niemals etwas erfahren werde. Ein besonderer Dank an die Stechmücken in Tassajara, die so wunderbar lästig sind!

Michael Wenger, Beginners' Mind Temple, San Francisco, Oktober 2002

Besuchen Sie Theseus im Internet: www.Theseus-Verlag.de
Wir senden Ihnen gern unseren Gesamtprospekt zu.

Bibliografische Information Der Deutschen Bibliothek
Die Deutsche Bibliothek verzeichnet diese Publikation
in der Deutschen Nationalbibliografie;
detaillierte bibliografische Daten sind im Internet über
http://dnb.ddb.de abrufbar.

ISBN 3-89620-209-X

Originalausgabe

Lektorat: Bernd Bender

© 2003 by Theseus Verlag, Berlin
Die Theseus Verlag GmbH ist ein Unternehmen der Verlagsgruppe Dornier.

1. Auflage, Februar 2003

Umschlaggestaltung: Morian & Bayer-Eynck, Coesfeld, www.mbedesign.de
unter Verwendung eines Bildmotivs: © Hildegard Morian
Gestaltung und Satz: AS Typo & Grafik, Berlin
Druck: Westermann Druck, Zwickau GmbH
Printed in Germany

ISBN 3-89620-209-X

Gedruckt auf alterungsbeständigem Papier mit chlorfrei gebleichtem Zellstoff.